Ulrich Berges
Rudolf Hoppe

Arm und reich

echter

Die Reihe Neue Echter Bibel – Themen wird herausgegeben von Christoph Dohmen und Thomas Söding

Bibliografische Information der Deutschen Nationalbibliothek

Die Deutsche Nationalbibliothek verzeichnet diese Publikation in der Deutschen Nationalbibliografie; detaillierte bibliografische Daten sind im Internet über <http://dnb.d-nb.de> abrufbar.

www.echter-verlag.de
Druck und Bindung: Friedrich Pustet, Regensburg
ISBN 978-3-429-02176-4

Inhalt

Altes Testament

Ulrich Berges

Einleitung

Plötzlich, für Politik und Medien unerwartet, stellt sich in den Frühjahrsmonaten des Jahres 2008 ein weltweites Problem. Es handelt sich nicht um das Für und Wider des Fackellaufes im Vorfeld der Olympischen Spiele in Peking und die chinesische Haltung zur Tibetfrage, sondern um die Lebensmittelpreise, die weltweit derart in die Höhe schnellen, dass für hunderte Millionen Menschen auf diesem Planeten die Grundnahrungsmittel zum unerreichbaren Luxus werden. Was den Armen an Nahrung und Anbauflächen zum Überleben fehlt, wird in den Autos der Reichen als Biobeimischung verheizt, um angeblich die Umwelt zu schonen.

Die biblische Überlieferung spricht zwar nicht in unseren Begriffen von Globalisierung und Wettbewerb, wohl aber von einer Gerechtigkeit, deren Maß der Mensch und seine unantastbare Würde sein muss.[1] Auch die christlichen Kirchen haben ihr soziales Potential noch nicht zur Genüge ausgeschöpft, solange es ihnen nicht gelingt, die in beiden Testamenten verborgenen Schätze in den Diskurs eines pluralen und liberalen Rechtsstaats einzuspeisen. So gehören Armut und Armutsbekämpfung zu den Hauptthemen der alttestamentlichen Gesetzgebung, was in der christlichen Rezeption nur allzu wenig Beachtung gefunden hat. Dagegen konnte sich die prophetische Sozialkritik mehr Gehör verschaffen, nicht zuletzt in den jungen Kirchen der Einen Welt. Demgegenüber tun sich die etablierten Kirchen des Westens schwerer, auf die wachsende Verarmung vieler Nationen eine engagierte und sie selbst herausfordernde Antwort zu geben. Dabei kann es nicht um eine geschichtslose, unkritische Anwendung biblischer Texte gehen, als ob diese die Lösung weltwirtschaftlicher Probleme einfachhin zur Hand hätten. Aber sehr wohl geht es darum, sich dem Problem von arm und reich auch heute zu stellen: Das altisraelitische Sippenethos, die prophetische Kritik am ungerechten Reichtum und die weisheitliche Belehrung zu schöpfungsgerechtem Verhalten können helfen, Augen und Ohren zu öffnen, um unbequeme Fragen zu stellen und sich selbst in Frage stellen zu lassen.

Der Durchgang durch die Belege von arm und reich des Alten/Ersten Testaments will deutlich machen, wie konsequent sich das biblische Israel dieser gesellschaftlichen Wirklichkeit gestellt hat. Das Vertrauen auf JHWH, den Befreier aus der Knechtschaft Ägyptens, ist unlösbar mit seiner Option für die Armen und Verarmten verbunden. Wem dies zu politisch klingt, der sollte sich fragen, wieso eigentlich die christliche Tradition, abgesehen von heroischen Strömungen religiösen Lebens, an konkreter Armutsbekämpfung so wenig zu bieten hat. Der Codex Iuris Canonici geht z.B. nicht über eine persönliche Mahnung an den Pfarrer hinaus, sich der Bedürftigen anzunehmen.[2] Demgegenüber hat sich im Alten/Ersten Testament eine breite Begrifflichkeit über Armut und Arme herausgebildet, was die Bedeutung und Dringlichkeit dieser gesellschaftlichen und theologischen Problematik unterstreicht.[3] Nach der Begriffsklärung wird dem Phänomen von arm und reich in den drei großen Sektionen der hebräischen Bibel – Tora, Propheten und Weisheit/Psalmen – nachgegangen.

A. Zur Begrifflichkeit von arm und reich

1. Das alttestamentliche Wortfeld für »arm – Armut«

Die vier Hauptbegriffe, die den Armen und seine Lage bezeichnen, sind rāš, d̲al, ʾeb̲yôn und ʿānî/ʿānāw.[4] Dabei ist eine ansteigende Spiritualisierung der Begriffe festzustellen, ohne dass jedoch der materielle Aspekt ganz aufgegeben würde. Es gilt: Die Armut ist im Wesentlichen ein Mangelzustand, der der Heilsgabe des gelobten Landes zutiefst widerspricht.

a) rāš

Der Wortstamm rāš kommt allein im Hebräischen und bis auf zwei Belege (Ps 34,11 und Spr 13,7) immer nur als aktives Partizip vor: rāš bezeichnet den Armen in seiner ökonomisch-sozialen Lage. Dies bestätigt auch das Substantiv »Armut« (rēʾš), das oft vom Gegenbegriff »Reichtum« (ʿōšer) begleitet ist: »Falschheit und Lügenwort halt fern von mir; gib mir weder Armut noch Reichtum, nähr mich mit dem Brot, das mir nötig ist« (Spr 30,8). Der junge David nennt sich selbst »arm und gering«, als er als zukünftiger Schwiegersohn des Königs gehandelt wird (1 Sam 18,23). Im Natan-Gleichnis (2 Sam 12) stehen sich der Arme und der Reiche gegenüber. Nur an diesen beiden Stellen begegnet »arm« (rāš) in den Früheren Propheten (Jos-2 Kön). In den Schriftpropheten kommt dieser Begriff für den Armen überhaupt nicht vor. Sie haben ihn wohl bewusst vermieden: Er war ihnen zu blass, zu emotionslos, den armen und verarmten Menschen nicht gerecht werdend! Auch die Rechtsgelehrten verwenden dieses Wort für die Bedürftigen nicht; es findet sich nicht in den Gesetzen des Pentateuch, obwohl sie sich ausführlich mit der Armutsthematik beschäftigen.

Dagegen ist rāš ein Lieblingswort der Spruchweisheit: Für sie ist der in Armut lebende Mensch gesellschaftlich gebrandmarkt. Selbst seinem Nächsten ist der rāš verhasst (Spr 14,20), wird von seinen Brüdern und Freunden gemieden, während sich der Reiche über mangelnde Sozialkontakte nicht beklagen kann (Spr 19,6–7). Die Weisheitslehrer gehen gar so weit, Armut mit Schande zu identifizieren (Spr 13,18). Oft sehen sie in Faulheit und Ausschweifung die Gründe für selbstverschuldete Armut (Spr 6,6–11; 10,4–5; 24,33–34): »Wer sein Feld bestellt, wird satt von Brot, wer nichtigen Dingen nachjagt, wird satt von Armut« (Spr 28,19). Die Sprüche, die die Armut auf eigenes Verschulden zurückführen, sind nicht zuletzt mit Blick auf das pädagogische Ziel zu verstehen, die Jugend zu Fleiß und Strebsamkeit anzuleiten. Doch schwingt auch ein verächtlicher Ton mit, wenn die mangelnde Solidarität unter den Armen kritisiert wird: »Ein Mann, der arm ist und die Armen unterdrückt, ist wie ein Regen, der alles wegschwemmt und kein Brot bringt« (Spr 28,3).

Doch trotz dieser negativen Einstellung der Armut gegenüber verlieren die

Weisen nicht den Blick auf die Geschöpflichkeit des Armen: »Reiche und Arme begegnen einander, doch JHWH hat sie alle geschaffen« (Spr 22,2; vgl. 29,13). Die Weisheit ruft zur guten Tat: »Wer dem Armen gibt, hat keinen Mangel, wer seine Augen verschließt, wird viel verflucht« (Spr 28,27; vgl. 14,21). In den Sprüchen kommen Ausbeuter, Rechtsbrecher, Grundstücksspekulanten und Zinshaie nicht vor. Die Weisheitslehrer ziehen sich auf eine kleinbürgerliche Position zurück: Weder arm noch reich wollte man sein (Spr 30,7–9) – aber es sollte immer reichen. Für sie stellt Armut eine Situation dar, an der nichts zu ändern war, sondern die es allenfalls noch zu lindern galt.

b) ḏal

Dieser Begriff steht auf der untersten Stufe der drei theo-politischen Armutstermini (zusammen mit ʾeḇyôn und ʿānî/ʿānāw) und bezeichnet den Armen über seine Bedürftigkeit hinaus als den, dem geholfen werden muss. Die Bedeutungen reichen von »gering, unansehnlich« über »hilflos«, »machtlos, unbedeutend, klein« bis hin zu »arm«. In Ps 79,8 wird von denen das Erbarmen Gottes angerufen, die von sich sagen, »wir sind völlig entkräftigt« (ḏallônû meʾōḏ). Das anschaulichste Bild der Kraftlosigkeit bieten die abgemagerten (dallôṯ) und unansehnlichen Kühe, die der Pharao im Traum sieht (Gen 41,19). Gerade die Konnotation des »Vom-Fleisch-gefallen-Sein« und der lebensbedrohlichen körperlichen Auszehrung zeichnet den Begriff ḏal aus, so dass ein ethischer Imperativ mitzuhören ist.
Das Wort ḏal begegnet im Pentateuch fünfmal (Gen 41,19; Ex 23,3; 30,15; Lev 14,21; 19,15), aber nie im Dtn. Bei den Schriftpropheten ist ḏal besonders beliebt bei Amos, wo es synonym mit ʾeḇyôn und ʿānāw gebraucht ist.[5] Im ausgehenden 8. Jhd. bezeichnet ḏal den verarmten Kleinbauern, der ständig an der Schwelle freiheitsberaubender Armut lebt: Aus ihm ist weder Wein (Am 4,1) noch Getreide (Am 5,11) herauszupressen. Dem ḏal war beim Reinigungsopfer nach geheiltem Hautausschlag der drittniedrigste Tarif auferlegt, der aber immerhin noch ein Lamm, ein Efa Mehl und ein Log Öl betrug (Lev 14,21). Als freier Bürger war der ḏal rechtsfähig, durfte aber im Rechtsstreit nicht begünstigt werden (Ex 23,3; Lev 19,15). Nach Amos gerät der Begriff ḏal für den Armen aus der Mode: Das ist ein wichtiger Hinweis dafür, dass sich die freien Kleinbauern dem Absturz in die völlige Verarmung auf Dauer nicht haben widersetzen können.
Im Psalter begegnet ḏal ebenfalls fünfmal (Ps 41,2; 72,13; 82,3.4; 113,7). Hier erweckt der ḏal JHWHs Fürsorge bzw. die des idealen Königs. Es gibt aber keine Stelle im Psalter, wo der Begriff ḏal als Selbstprädikation des einzelnen Beters gebraucht ist, der Gottes Hilfe erfleht. Diese theologische Programmatik ist den Begriffen ʿānî/ʿānāw vorbehalten.
In den Sprüchen, besonders in den frühen Sammlungen der älteren Königszeit, wird ḏal häufig verwandt.[6] Doch im Gegensatz zu rāš gebrauchen die Weisheitslehrer ḏal niemals, um den selbstverschuldet in Armut Gera-

tenen zu bezeichnen. Wie bei ʾeḇyôn und ʿānî schwingt auch bei ḏal die soziale Verpflichtung mit: »Beraube einen ḏal nicht, weil er ḏal ist, zertrete nicht den ʾeḇyôn im Tor, denn JHWH trägt ihren Rechtsstreit aus und raubt ihren Räubern das Leben« (Spr 22,22). Dem Tun-Ergehen-Zusammenhang entsprechend vergilt JHWH demjenigen, der einem ḏal geholfen (Spr 19,17; 22,9; 28,8), und bestraft den, der dies nicht getan hat (Spr 21,13). Die Weisheitslehrer erkennen, dass es besonders die gesellschaftliche Isolation ist, die den ḏal stets weiter in die Armut abgleiten lässt (Spr 10,15; 19,4).

c) ʾeḇyôn

Auf der zweiten Stufe der theo-politischen Begriffe, die im AT den Armen bezeichnen, steht das Wort ʾeḇyôn. Auch hier zeigt sich eine besondere Streuung: Weder in den vorpriesterschriftlichen Erzählstücken noch in der Priesterschrift findet es sich, wohl aber als ältester Beleg zweifach im Bundesbuch (Ex 23,6.11) und siebenfach im Dtn.[7]
In den Schriftpropheten begegnet ʾeḇyôn besonders in Amos (fünfmal).[8] Gegenüber der einzigen Stelle von rāš und den fünf Belegen von ḏal fällt der häufige Gebrauch von ʾeḇyôn im Psalter auf (23 Mal), wobei in den meisten Fällen von einer exilisch-nachexilischen Datierung ausgegangen wird. Der sozialkritische Aspekt, der im Bundesbuch, im deuteronomischen Reformprogramm und in den Propheten aufscheint, hat durch den Begriff ʾeḇyôn Einzug in die Gebete Israels gehalten. Er bezeichnet den Armen besonders unter dem Aspekt seiner Bedürftigkeit: Der ʾeḇyôn hat mit einem Mangel zu kämpfen, dem er aus eigener Kraft keine Abhilfe schaffen kann.
Zu den Gegnern des ʾeḇyôn gehören die Vornehmen (1 Sam 2,8), die Unterdrücker (Ps 72,4), die Gewalttätigen (Ijob 5,15), die Frevler (Ps 37,14; 82,4) und die Bösen (Spr 30,14; Jer 20,13). Besonders eng ist die Verbindung von ʾeḇyôn mit den Begriffen ʿānî und ʿānāw.[10] Dabei steht die Selbstprädikation des Beters als »arm und bedürftig« (ʿānî wᵉʾeḇyôn; immer in dieser Reihenfolge!) im Mittelpunkt (Ps 40,18; 70,6; 86,1; 109,22). Der dem Wort ʾeḇyôn anhaftende Aspekt der Bedürftigkeit kann von der sozialen auf die religiöse Ebene übergehen. Der fromme Beter bekennt sich vor Gott als jemand, der sich seiner Hilfe bedürftig weiß, eine Haltung, die religiöser Demut[11] (ʿᵃnāwâ) gleichkommt. Diese erst in exilisch-nachexilischer Zeit anzusetzende Begriffsentwicklung ist den ältesten Belegen noch fremd. Hier definiert sich der ʾeḇyôn durch seine konkrete Bedürftigkeit, die sich besonders auf zwei Gebieten zeigt: Mangel an Rechtssicherheit und ungenügende Teilhabe an dem von Gott gegebenen Landbesitz und seinen Erträgen. So ist es nicht zufällig, wenn die beiden ältesten Belege von ʾeḇyôn im Bundesbuch (Ex 23,6.11) gerade diese zwei Aspekte beleuchten. In der nachexilischen Zeit stellt sich das anders dar, wenn es in den Bestimmungen zum Purimfest (14/15 Adar) heißt, man solle sich als Zeichen der Freude gegenseitig Geschenke machen und dabei auch die ʾeḇyônîm nicht vergessen

(Est 9,22). Der Weg von einer Armutsbekämpfung zur Armenpflege ist damit deutlich vorgezeichnet.[12]

d) ʿānî /ʿānāw

Dieser Wortstamm umfasst neben dem Verb ʿnh II (79 Mal) noch das Substantiv ʿᵒnî (36 Mal)[13] und die beiden Adjektive ʿānî (75 Mal) und ʿānāw (21 Mal). Die Grundbedeutung von ʿnh II lässt sich mit »elend sein« wiedergeben; so u.a. die Lage einer Schafsherde ohne Hirten (Sach 10,2). Das Pi'el gibt die Tätigkeit an, die in solch eine miserable Lage zwingt, was »sich gefügig machen«, »erniedrigen«, »demütigen«, »Gewalt antun« bedeutet. Während sich ʿnh I auf die Reaktion auf etwas Gehörtes bezieht, also »antworten«, so ʿnh II auf das Resultat von Zwang und Gewalt. Meistens handelt es sich um Menschen, die ihre Macht gegen andere ausspielen, diese degradieren und ausbeuten (vgl. Ex 1,11; 2 Sam 13,14).
Das Substantiv ʿᵒnî bezeichnet die Situation der Statusminderung, der Unterdrückung und erzwungenen Abhängigkeit (Ijob 30,16.27). Dabei liegt die Stoßrichtung nicht in der Beschreibung der Notlage selbst, die meist nur angedeutet bleibt, sondern im Appell an JHWH, der als der Gott der Befreiung eingreifen soll. Die ʿᵃnîîm und ʿᵃnāwîm sind nicht einfach Menschen ohne wirtschaftliche Ressourcen, sondern sie sind JHWHs Arme und so seiner speziellen Fürsorge anvertraut (vgl. Jes 14,32; 49,13; Ps 149,4).
Auch das Adjektiv ʿānî »elend« kennzeichnet den Armen nicht zuerst unter dem Aspekt des wirtschaftlichen Mangels, sondern unter dem des ethischen Imperativs. Der Arme, der ʿānî genannt wird bzw. sich in Selbstaussagen als ein solcher bezeichnet, hat ein Anrecht auf Hilfeleistung! Gerade weil er ein leichtes Opfer wirtschaftlicher Ausbeutung ist, muss er davor geschützt werden (Ex 22,24; vgl. Lev 19,9f.; Dtn 24,12.14f.). Sowohl die tüchtige Hausfrau (Spr 31,20) als auch Ijob können sich zugutehalten, den Elenden und Armen nicht im Stich gelassen zu haben (Ijob 29,12f.), im Gegensatz zu den Frevlern (Ijob 24; auch Spr 30,11–14).
Die Tatsache, dass das Adjektiv ʿānî überwiegend im Singular (57 Mal Singular; 19 Mal Plural), ʿānāw jedoch bis auf Num 12,3 (Moses!) ausschließlich im Plural (19 Mal) gebraucht ist, deutet an, dass zum einen das einzelne Lebensschicksal ernst genommen wird, sich zum anderen aber eine gruppenspezifische Charakterisierung abzeichnet. Die früher beliebte Schematisierung, aus den »Elenden« (ʿᵃnîîm) der vorexilischen Zeit seien die »Demütigen« (ʿᵃnāwîm) der nachexilischen Zeit hervorgegangen, ist so nicht mehr haltbar. Aber die Tatsache, dass sich die Massoreten an einigen Stellen bewusst für die eine bzw. die andere Variante entschieden haben[14], beweist, dass zwischen beiden Begriffen doch unterschieden werden sollte.

2. Das alttestamentliche Wortfeld für »Reich – Reichtum«

Anders als die Terminologie für »Arm-Armut«, die zwischen sozio-ökonomischen und theo-politischen Aspekten differenziert, ist das Begriffsfeld für »Reich-Reichtum« sowohl dem Umfang als auch dem Inhalt nach viel begrenzter.

ʿāšîr

Der Hauptbegriff lautet ʿāšîr »reich«, »begütert sein«, »der Reiche« und als Substantiv ʿōšer »Reichtum«. Die Grundbedeutung zeigt an, »... daß ein Gegenstand (bzw. Zustand) über das gewöhnliche Ausmaß hinaus reichlich vorhanden ist«.[15] Mit 77 Belegen ist diese Wurzel breit gestreut, weist aber eine deutliche Häufung in der Weisheitsliteratur auf. Synonyme des Verbalgebrauchs sind u.a. »Vermögen erwerben« (Hos 12,9), »groß werden« (Jer 5,27) und »sättigen« (Ez 27,33). Der Gegenbegriff ist rāš, der den Armen in seiner sozio-ökonomischen Abhängigkeit bezeichnet (2 Sam 12,1.4; Spr 14,20; 18,23; 22,2.7; 28,6 u.ö.).

Das Alte Testament beurteilt den Reichtum sehr unterschiedlich: von positiv über neutral bis hin zu scharfer Kritik. Der Ausgangspunkt ist wie auch in der altorientalischen Umwelt die gesellschaftliche Differenzierung in arm und reich. So werden beide Begriffe gebraucht, um das gesellschaftliche Spektrum als Ganzes in den Blick zu nehmen (Rut 3,10; Ps 49,3). In den Erzelternerzählungen gelten Besitz und Reichtum als Zeichen des göttlichen Segens (u.a. Gen 24,35; 26,12–14), ganz im Sinne einer althebräischen Grabinschrift aus Chirbet el-Kom vom Ende des 8. Jh.s v. Chr.: »Urijahu, der Reiche, hat es schreiben lassen. Gesegnet war Urijahu vor JHWH«.[16] Nüchtern stellt Spr 14,20 fest, der Reiche habe viele Freunde, der Arme jedoch sei selbst seinem Nachbarn verhasst. Es kommt vor, dass sich jemand als reich ausgibt, in Wirklichkeit jedoch nichts hat und auch umgekehrt, dass sich jemand als arm verstellt, obwohl er reich ist (Spr 13,7). Reich gelten besonders die Könige, die nach Gutdünken andere daran teilhaben lassen (Gen 14,21–23). Inbegriff des reichen Königs ist Salomo (1 Kön 10,23), der am internationalen [Waffen-]Handel beteiligt ist (1 Kön 10,26–29). Obschon er sich von Gott nicht Reichtum, sondern ein hörendes Herz erbat, hat dieser ihn unglaublich reich werden lassen (1 Kön 3,11.13). Herrscher können ihre Günstlinge reich machen, wenn diese sich in deren Diensten erfolgreich erweisen (Saul-David in 1 Sam 17,25; Haman in Est 5,11). Die Chronik, die keine Armen kennt, betont den Reichtum eigener Könige (2 Chr 17,5; 18,1; 32,27) und fremder Herrscher (Est 1,4; 5,11; Dan 11,2). Positiv wird Reichtum bewertet, wenn er als Geschenk Gottes gilt (1 Chr 29,12; vgl. 1 Kön 3,13). David stirbt in hohem Alter, satt an Tagen, Reichtum und Ehre (1 Chr 29,28). Steht Gott als Geber fest, ist Kritik unmöglich; auch nicht im Falle von Laban, der vermutet, Jakob habe ihn um seinen Besitz gebracht (Gen 31,18.43).

Doch auch die negativen Aspekte des Reichtums werden genannt: Unrechtmäßig erworbener Reichtum wird abgelehnt: »Wie ein Rebhuhn, das ausbrütet, was es nicht gelegt hat, so ist ein Mensch, der Reichtum durch Unrecht erwirbt« (Jer 17,11). Die schlechten Hirten Israels, die die Schafe verkaufen und sich so reich wähnen (Sach 11,5), wird Gott hart bestrafen. Unter diese prophetische Kritik fällt auch Ephraim, das durch falsche Waage reich geworden ist (Hos 12,8–9). Ebenso gerät David unter die Räder des Reichtums und der Macht, woraufhin ihm der Prophet Natan den Spiegel vorhält: Dem Reichen gleich, der das einzige Lamm dem Armen entreißt, so hat auch David dem Urija seine Frau genommen, obschon es im königlichen Harem nicht an Frauen fehlte (2 Sam 12).
Der Prophet Micha verurteilt ungerecht erworbenen Reichtum, und zwar im Kontext betrügerischen Handels und wirtschaftlicher Unterdrückung (Mi 6,11–12). Auf Weltebene ist die Hafenstadt Tyrus das Sinnbild internationalen Handels, von dem alle profitieren wollen: »Als deine Waren vom Meer her kamen, hast du viele Völker gesättigt. Die Könige der Erde machtest du reich mit deinem gewaltigen Reichtum und deinen Handelswaren« (Ez 27,33). Den Absturz in die Bedeutungslosigkeit trifft auch diesen Exportriesen: »Deine Kaufleute unter den Völkern zischen voll Hohn über dich. Zu einem Bild des Schreckens bist du geworden, für immer dahin« (Ez 27,36). Die schärfste Kritik am Reichtum in der prophetischen Literatur findet sich im vierten Gottesknechtslied in Jes 53,9, falls man den massoretischen Text beibehält. Nach schändlichem Tod bekommt der Gottesknecht sein Grab bei den »Frevlern« (r^{e}šā^{c}îm) und beim »Reichen« (^{c}āšîr) seine Grabstätte (vgl. Mt 27,57–60). Die Parallelisierung der Frevler mit dem Reichen steht in dieser Schärfe im AT singulär da. In ihrem prophetischen Danklied besingt Hanna die umstürzende Kraft JHWHs, der arm und reich macht, der erniedrigt und erhöht; er ist es, der den »Schwachen« (ḏal) aus dem Staub hebt und den »Armen« (ʾeḇyôn) erhöht, der im Schmutz liegt (1 Sam 2,7–8; vgl. Lk 1,47ff.) Von solch einer Infragestellung des Reichtums hält sich Israels Weisheitsliteratur weit entfernt. Es ist ja gerade Frau Weisheit, die in ihrer Rechten langes Leben und in der Linken Reichtum und Ehre bereithält (Spr 3,16); bei ihr sind Reichtum, Ehre, angesehener Besitz und Glück (Spr 8,18). Die Krone der Weisen ist ihr Reichtum (Spr 14,24a) und der Lohn von »Demut« (^{ca}nāwa) und Gottesfurcht sind Reichtum, Ehre und Leben (Spr 22,4). Doch das Streben nach Reichtum wird von den Weisheitslehrern auch beschränkt; oft ergeht die Weisung, sich nicht auf den Reichtum zu verlassen, sich seiner nicht zu rühmen (vgl. Jer 9,22). Wer auf Reichtum vertraut und auf ihn baut, der kommt zu Fall, anders als die Gerechten, die wie grünes Gras sprießen (Spr 11,28). Dass sich Gerechtigkeit vor Gott bereits in diesem Leben lohnt, davon geht Ps 112 aus: Das Haus des Gottesfürchtigen ist mit Wohlstand und Reichtum gefüllt (V 3). Diese Güter sind aber nicht allein zum Eigengenuss bestimmt, sondern eröffnen die Möglichkeit, denen zu leihen, die darauf angewiesen sind (V 5). Wohlstand bietet die Chance, reichlich den »Armen«

(ʾeḇyōnîm) zu geben, was das Heil des Gebers sichert. Nicht Reichtum hilft am Tag des Zornes, sondern praktizierte Gerechtigkeit schützt vor dem Tod (Spr 11,4).
Kostbarer als großer Reichtum ist ein guter Ruf und hohes Ansehen ist besser als Silber und Gold (Spr 22,1). Auch soll der Reiche bei der Begegnung mit dem Armen bedenken, dass Gott sie beide erschaffen hat (Spr 22,2). Der goldene Mittelweg zwischen Überfluss und Mangel lag den Weisheitslehrern besonders am Herzen (Spr 30,8b–9). Dtn 8 warnt davor, geblendet durch den Überfluss des gelobten Landes, den Spender der guten Gaben zu vergessen. Dass großer Reichtum viele Sorgen mit sich bringen kann, blieb auch den Weisen nicht verborgen; so sind sie der Meinung, wenig in Gottesfurcht sei besser als Schätze und keine Ruhe (Spr 15,16).
Die soziale Verantwortung der Reichen wird in Spr 28,8 zugleich als Mahnung und Warnung in den Vordergrund gestellt: »Wer sein Vermögen durch Zins und Aufschlag vermehrt, sammelt für den, der Erbarmen hat mit den Armen (dallîm)«. Auch wenn die Erfahrungswelt dem nicht immer entspricht, meint man feststellen zu können, dass der Gute seinen Enkeln das Erbe hinterlasse, während der Besitz des Sünders für den Gerechten aufgespart werde (Spr 13,22). Der Frevler soll nicht reich werden, sein Vermögen keinen Bestand haben (Ijob 15,29; 27,19); doch Ijob betont, dass es oft gerade den Frevlern sehr gut gehe, sie seien frei von Plage und materieller Sorge (Ijob 21,7–21).
Die letzte Grenze des Reichtums zieht der Tod. Das tröstet den Gerechten, der sieht, wie der Frevler immer reicher wird, aber daran nicht verzweifelt, »... denn im Tod nimmt er das alles nicht mit, seine Pracht steigt nicht mit ihm hinab« (Ps 49,13.18).
Der Weisheitslehrer Kohelet, der Meister theologischer Skepsis, erkennt, dass der Reichtum keine bleibende Sicherheit bietet (Koh 5,9–6,2). Vom Geld bekommt man nie genug und mit steigendem Reichtum wächst auch die Zahl der Profiteure, ganz zu schweigen von den unruhigen Nächten, die der Geldsegen mit sich bringen kann (Koh 5,9–11; Sir 31,1f.). Doch diese Unannehmlichkeiten bedeuten nichts im Vergleich zur Tragik, die der plötzliche Verlust des Reichtums bedeutet: Nichts als das nackte Leben bleibt übrig und missmutig fristet der soziale Absteiger sein Leben (Koh 5,12–16).
Das Glück besteht für Kohelet nicht in der Anhäufung materieller Güter, sondern im Geschenk Gottes, sie auch genießen zu können, ohne ständig an die Begrenztheit des Lebens erinnert zu werden (Koh 5,17–19). Großes Unglück bedeutet es, wenn Gott einem so viel Reichtum, Wohlstand und Geltung schenkt, dass man sich jeden Wunsch erfüllen könnte, doch all dies nicht genießen kann, so dass ein Fremder davon profitiert (Koh 6,1–2). Hätte jemand hundert Söhne, wäre uralt und bei bester Gesundheit, könnte aber seinen Luxus nicht genießen, so wäre eine Fehlgeburt glücklicher zu schätzen als dieser (Koh 6,3). Gott als Urgrund aller Dinge bleibt für den Menschen unberechenbar. Den Klugen kommt kein Reichtum zu, ebenso-

wenig wie den Könnern der Beifall oder den Schnellen der Sieg, denn einen jeden treffen Zufall und Zeit (Koh 9,11).
Die Weisen Israels unterscheiden zwischen quantitativem und qualitativem Reichtum: Reich ist nicht der, der viel besitzt, sondern der, der das, was er hat, auch genießen kann. Töricht ist es, unüberlegt und vorbehaltlos Reichtum anzustreben, denn »... plötzlich macht er sich Flügel und fliegt wie ein Adler zum Himmel« (Spr 23,5). Obschon gilt, Fleiß mache reich und Faulheit arm (Spr 10,4–15), steht auch dies unter dem Vorbehalt Gottes, denn »... der Segen JHWHs macht reich, eigene Mühe tut nichts hinzu« (Spr 10,22). Die Gefahr dieser Auffassung tritt dann zutage, wenn umgekehrt gefolgert wird: Wer nicht mehr reich ist, dem hat Gott seinen Segen entzogen! Das Buch Ijob wird gegen diese Theo-Logik von materiellen Gütern und göttlichem Segen protestieren.

B. Arm und reich im Pentateuch

Der Mensch ist nach den Schöpfungserzählungen von Gen 1–3 nicht als Armer oder Reicher erschaffen; die einzige Unterscheidung ist die von Mann und Frau! Die gesellschaftliche Trennung von arm und reich besitzt demnach keine Grundlage in der Schöpfungsordnung, ja widerspricht dieser sogar. Reichtum gilt in den Erzelternerzählungen als Zeichen des göttlichen Segens, was sich besonders im Wohlstand der Sippe Abrahams zeigt (Gen 12ff.). Doch auch hier gerät die Armut nicht ganz aus dem Blick, wie dies am Schicksal der von Sara verstoßenen Sklavin Hagar abzulesen ist (Gen 21). Derjenige, der keine Familienbande hatte, war in besonderem Maße von Armut und Verelendung bedroht. Wohlhabend konnte nur der sein, der ein Stück Land sein Eigen nennen konnte, was auch Abraham bei der Suche nach einer Grabstätte für seine verstorbene Sara erfahren musste (Gen 23). Aufgrund ausbleibender Ernten konnten ganze Landstriche verelenden, was die Großfamilie des Patriarchen Jakob, der selbst mit List reich geworden war (Gen 30,25ff.), auf den Prüfstand stellte (Gen 42ff.). Die Zeit der Erzeltern, die durch Wohlstand und Reichtum gekennzeichnet war, endete in der Sklaverei Ägyptens (Ex 1–3). Hier zeigt sich, dass JHWH ein Gott ist, der die Erniedrigung seines Volkes sieht und auf sein Schreien hört (Ex 3,7). Sowohl die Sklaverei Ägyptens als auch der Aufenthalt in der Wüste haben Israel mit Armut und Not konfrontiert: Das sollte für immer sein kulturelles Gedächtnis prägen.[17] Die Wüste machte alle gleich arm und bedürftig; jeder musste für sich selbst das Manna sammeln (Ex 16), um am Leben zu bleiben. Niemand konnte auf Vorrat horten und sich so einen Vorteil gegenüber anderen verschaffen. War die Wüste der Ort und die Zeit sozialer Gleichheit, so wurde das verheißene Land zum Nährboden ökonomischer Differenzierungen und gesellschaftlicher Zerklüftung. Auf diese Entwicklung versuchen die alttestamentlichen Sozialgesetze eine Antwort zu geben, die den Menschen über die Güter und die Freiheit über den Besitz stellen.

1. Armutsbekämpfung in den Gesetzen des Pentateuch

Wie bei allen anderen Literaturgattungen, so zeigt sich auch bei den Gesetzestexten die Einbettung Israels in die kulturelle Umwelt des Antiken Vorderen Orients.[18] Die Hilfe für Arme und Notleidende gehörte in Ägypten, Mesopotamien und Kanaan gleichermaßen zu den wichtigsten gesellschaftlichen Aufgaben. Sie oblag besonders dem König und seinen Beamten, nahm aber auch jeden einzelnen Bürger ausdrücklich in die Pflicht. Zwar sind aus dem alten Ägypten keine Gesetzeskorpora überliefert – wahrscheinlich sollte und konnte der vergöttlichte Pharao keinem schriftlichen

Gesetz unterworfen werden –, doch betonen viele Grabinschriften und besonders das bekannte 125. Kapitel des ägyptischen Totenbuchs, dass ohne die im Diesseits geleistete Hilfe an den Armen das Jenseits unerreichbar bleibt. Im Vordergrund der »Idealbiographien«, die in den Grabinschriften hoher Staatsdiener zutage treten, stehen aber nicht Vorstellungen wie Barmherzigkeit und Nächstenliebe, sondern das Konzept einer »patronalen Fürsorge bzw. Versorgung«, die nicht auf eine wirkliche Veränderung, sondern nur auf die temporäre Behebung eines Mangels ausgerichtet ist.[19] In Kanaan war es die Pflicht des Königs, im Gefolge des Sonnengottes, am Morgen für Recht und Gerechtigkeit im Land zu sorgen.[20] Im Keret-Epos aus Ugarit kritisiert der Königssohn seinen Vater Keret, er habe es aus Krankheit und Schwachheit am Schutz für den Armen (d̠al), die Witwe und Waise fehlen lassen (KTU 1.14 VI 30–34.43–50) und könne daher nicht mehr König sein. Im Zweistromland gilt der König als von der Gottheit eingesetzt, um die Schwachen gegenüber den Starken zu schützen. Bereits im Codex Urnammu (ca. 2100 v. Chr.) rühmt sich der Herrscher im Prolog, er habe die Waise nicht dem Reichen, die Witwe nicht dem Mächtigen und den Armen nicht dem Wohlhabenden überantwortet.[21] Im Prolog des Codex Hammurapi, des Gründers der 1. Dynastie von Babylon (um 1750 v. Chr.), weiß sich der König eingesetzt, um für die Durchsetzung des Rechts zu sorgen, den Bösen zu vernichten und den Schwachen nicht vom Starken schädigen zu lassen.[22]
Auffällig ist jedoch, dass sich in den mesopotamischen Gesetzestexten die Sorge für die Armen nur im Rahmenwerk von Prolog und Epilog findet, nicht aber in den Gesetzen selbst; hier wird vom Armen und seiner Ausbeutung geschwiegen, was aber nicht ausschließt, auch dort sozialrechtliche Bestimmungen zu finden.[23] Anders stellt sich das in Israels Rechtssammlungen dar, wo die Lage der Armen und Unterdrückten ausdrücklich und wiederholt zur Rechtsmaterie gehört. In ihnen ist aber nicht der König oberster Gesetzgeber, sondern JHWH selbst hat seinem Volk am Sinai durch die Vermittlung des Mose alle Gesetze gegeben. Gott allein ist und bleibt der Gesetzgeber, dem sich alle Israeliten, auch die Könige (vgl. 2 Sam 11–12; 1 Kön 21), zu fügen haben. Zudem tritt im Pentateuch an die Stelle eines Gesetzesprologs die Erzählung von der Befreiung aus Ägypten. Alle Gesetzesbestimmungen sind auf dem Hintergrund dieses rettenden und befreienden Gottes zu lesen. Weil JHWH sein Volk befreite und jedem Anteil am gelobten Land gab, dessen Eigentümer er allein ist, darf es in Israel keine Armen geben. Es soll kein Volk von Herrschern und Beherrschten sein, sondern eine Gemeinschaft von Brüdern und Schwestern (bes. Dtn).

a) Das Bundesbuch (Ex 20,22–23,33)

Im Anschluss an den Dekalog (Ex 20,2–17) folgt eine Gesetzessammlung, die in der Forschung »Bundesbuch« genannt wird (Ex 24,7 [sēp̱er habbᵉrît̠]).[24] Bestimmungen zum Kult bilden den äußeren (20,22–26; 23,13–

19) und die über Sklaven, Sabbatjahr und Sabbatfeier (21,1–11; 23,10–12) den inneren Rahmen. Die Gesetze zu den Bereichen Totschlag, Mord, Körperverletzung, Sachbeschädigung, Diebstahl, etc. sind ins Zentrum gestellt, wobei Fremden, Witwen, Waisen und Armen besondere Aufmerksamkeit zukommt (Ex 22,20–26; 23,9).
Die Welt dieser Gesetzessammlung ist geprägt vom Leben auf dem Land; Adressaten sind Kleinbauern mit ihren Tieren und agrarischen Nutzflächen. Königliche Beamte (»Fürst« in Ex 22,27), Priester oder städtische Händler sucht man vergebens, wohl aber ist von Schiedsmännern die Rede (Ex 21,22). Selbst diese ländliche Gesellschaft kennt Arme, Sklaven, Witwen, Waisen und Fremde, aber auch Bestimmungen zu deren Schutz. Auffällig sind die eingestreuten erklärenden Zusätze, die zu ethischem Handeln motivieren wollen (Ex 22,20.26; 23,7.8.9.15). Der sanktionsfähige Rechtsraum ist dabei verlassen und man setzt auf die Überzeugungskraft der Argumentation, wobei die Erinnerung an die Sklaverei in Ägypten einen wichtigen Platz einnimmt (22,20; 23,9.15). Nicht das Eigentum steht an oberster Stelle, sondern der Schutz des bedrängten Lebens. Dies gilt selbst dann, wenn es sich um einen Dieb handelt, der auf frischer Tat ertappt wird (22,1–3); anders als in mesopotamischen Gesetzen darf er nicht getötet werden (Codex Hammurapi §§ 21–22), sein Lebensrecht ist unantastbar. Dass das Recht auf körperliche Unversehrtheit schwerer wiegt als das auf Eigentum, ist aus den Bestimmungen zu den Körperverletzungen an Sklaven und Sklavinnen ersichtlich; schlägt der Herr sie so, dass sie unter seiner Hand sterben, muss dies gesühnt werden, leben sie aber noch ein oder zwei Tage, entfällt die Strafe, denn der Eigentümer hat allein seine eigene Habe geschädigt (Ex 21,20–21). Das Personenrecht übertrifft das Besitzrecht, denn wenn ein Herr seinem Sklaven oder seiner Sklavin ein Auge oder einen Zahn ausschlägt, muss er ihn bzw. sie in die Freiheit entlassen (Ex 21,26–27). Der Codex Hammurapi § 199 sah beim Zerbrechen eines Knochens oder Verlust eines Auges bei einem Sklaven die Zahlung der Hälfte des Kaufwertes vor, eine Summe, die an den Eigentümer des Sklaven zu zahlen war.
Nach dem Bundesbuch darf es unter den Mitgliedern des Gottesvolkes keinen lebenslänglichen Freiheitsentzug geben. Hat jemand einen hebräischen Sklaven gekauft, kann er nur sechs Jahre lang dessen Arbeitskraft nutzen; im siebten Jahr muss er ihn als freien Bürger gehen lassen. Ist dieser verheiratet in die Sklaverei geraten, wird er zusammen mit seiner Frau entlassen; hat ihm sein Herr aber während seiner Sklavenschaft eine Frau gegeben, mit der er Kinder zeugte, bleiben diese mit ihrer Mutter als Eigentum zurück. Die drohende Familientrennung kann der freizulassende Sklave nur dadurch abwenden, dass er sich aus Liebe zu seiner Familie auf immer an den Herrn bindet, also seine Freiheit für das Zusammensein mit seiner Frau und den Kindern opfert. Man kann sich vorstellen, wie schnell ein Herr eine Frau für seinen Sklaven beschaffte, um sich so die Vermehrung seines Personals zu sichern. Die späteren Gesetze werden hier humanisierend ein-

greifen: Die Beschränkung der Freilassungsbestimmung auf männliche Sklaven wird aufgehoben, also auch Sklavinnen müssen nach 6 Jahren freigelassen werden, und die Entlassung darf nicht mehr ohne Entgeld erfolgen (Dtn 15,12–18).

Dass das Bundesbuch gleich zu Beginn von Schuldsklaverei handelt, ist kein Zufall, sondern unterstreicht die Dringlichkeit der Frage. Im Kontext der Endgestalt des Pentateuch ist dies noch bemerkenswerter:[25] Dem aus der Sklaverei Ägyptens befreiten Volk werden Bestimmungen gegeben, wie es mit der Versklavung eigener Volksgenossen umzugehen hat.[26] So wird ersichtlich, wie hart hier Israels Befreiungsgeschichte und die bittere Realität im Land der Verheißung aufeinandertreffen!

Die Spaltung der Gesellschaft in Herren und Knechte, in Gläubiger und Schuldner beherrschte das Wirtschaftsleben des Antiken Vorderen Orients: Kreditgeber und Kreditnehmer gab es überall.[27] Dabei lagen in Mesopotamien die Zinssätze für kurzfristige Kredite bei 33%, während für langfristige immerhin noch 20% erhoben wurden. Die Keilschriftgesetze des 2. Jahrtausends versuchten, die Spitzenzinssätze zu begrenzen. Dennoch kam keine der antiken Ökonomien umhin, von Zeit zu Zeit Schuldenerlasse zu verordnen, um den Zusammenbruch der gesamten Volkswirtschaft zu vermeiden. Die alt-babylonischen mišarum- und die neu-assyrischen andurāru(m)-Edikte dienten dem Schuldenerlass im konsumptiven Bereich, also dazu, das Gros der verarmten Bevölkerung wieder in den Konsumkreislauf zurückzuholen.[28] Diese Edikte waren nicht zeitlich vorhersehbar, sondern wurden ad hoc verkündet. Mit der Zeit kamen jedoch auch vertragliche Abwehrklauseln auf, mit denen sich Gläubiger vor einem plötzlichen Kapitalverlust bei generellem Schuldenerlass absichern konnten, was die Wirkung zentraler Schuldenerlasse natürlich einschränkte. In Israel sind Erlassjahre in einem Rhythmus von sieben Jahren vom göttlichen Gesetzgeber vorgeschrieben und somit im Wirtschaftsleben regulär verankert. Sie dienen nicht nur dazu, die konsumptive Kraft der Bevölkerung aufrechtzuerhalten, sondern zielen überhaupt auf eine neue Chance im Land der Verheißung ab.

Das alte Israel ist das einzige Gemeinwesen des Antiken Orients, in dem die Zinsnahme (hebräisch nešek̠, wörtlich »Biss«) von Volksgenossen generell verboten war.[29] Zinsnahme von Fremden war aber ausdrücklich gestattet (Dtn 23,20–21). Dies sollte im Mittelalter verheerende Folgen für die Juden haben, denn Christen, die sich an den Buchstaben des Gesetzes halten wollten, benutzten Juden dazu, von Mitchristen, also jüdischerseits von »Fremden«, Zins zu nehmen.

Nach den Vorschriften des Bundesbuches konnte sich ein Gläubiger nur durch Pfandnahme beim Schuldner absichern, aber auch diese war nur begrenzt möglich, wie Ex 22,25–26 betont (vgl. Dtn 24,12–13.17). Hatte jemand den Mantel eines Armen als Pfand genommen, so musste er ihm diesen für die Nacht zurückgeben, denn er war seine einzige Decke: »Worin soll er sonst schlafen? Wenn er zu mir schreit, höre ich es, denn ich habe Mitleid«. Aber gerade dieser erklärende Zusatz zeigt, dass das Recht hier

nicht wirklich greift und letztlich alles von der Bereitschaft des Gläubigers abhängt; auch fehlt jede Sanktion im Falle der Einbehaltung des Mantels. Dass JHWH das Schreien des Armen hört, dient der ethischen Motivation, nicht der Abschreckung von Rechts wegen! In Dtn 24,14–15 und Lev 19,13 wird diese Bestimmung auf die Auszahlung des Arbeitslohnes für den Tagelöhner noch am gleichen Abend bezogen (vgl. Mt 20,8; Jak 5,4).
Das Bundesbuch verbietet ausdrücklich, einen »Fremden« (g̲ēr) auszubeuten. Damit ist nicht der »Ausländer« (nok̲rî) unter dem Aspekt der fremdländischen Herkunft gemeint, sondern jemand, der sich fern der eigenen Heimat »aufhält« (g̲wr). Der g̲ēr gilt demnach »als ein Fremder im lokalen Milieu, als fremd im Verhältnis zum jeweiligen Ort seines Aufenthalts«.[30] Vieles spricht dafür, dass mit diesem Begriff gerade die Flüchtlinge aus dem Nordreich bezeichnet werden sollten, die nach dem Fall Samarias (722 v. Chr.) in Juda und Jerusalem Schutz und Bleibe suchten.[31] Dass das Verbot, den g̲ēr zu unterdrücken, zweifach begegnet (Ex 22,20; 23,9), unterstreicht seine Bedeutung. Beide Male wird das Verbot mit der am eigenen Leib erfahrenen Ausbeutung in Ägypten begründet (vgl. Ex 3,9; Dtn 26,7).
Die Option JHWHs für die Armen[32] setzt die Unabhängigkeit im Rechtswesen nicht außer Kraft. Im Rechtsstreit darf der »Geringe« (d̲al) weder begünstigt (Ex 23,3), noch darf das Recht des »Armen« (ʾeb̲yôn) gebeugt werden (Ex 23,6–8). Der Arme ist nicht im Recht, weil er arm ist, noch der Reiche, weil er reich ist! Doch kann der Wohlhabende versucht sein, den Ausgang einer Rechtssache, die er gegen einen Armen führt mit Geschenken und Bestechung zu seinen Gunsten zu beeinflussen (vgl. 1 Kön 21). Im Bundesbuch ist wohl nicht an die Bestechung von Richtern gedacht, sondern an die von Zeugen, denn in der altisraelitischen Torgerichtsbarkeit hing das Urteil unmittelbar von deren Aussagen ab (vgl. Lev 19,15–16). In diese Richtung zielt auch die Warnung, Bestechung mache Sehende blind und verkehre die Sache derer, die im Recht seien (vgl. Dtn 16,18–20).
Sechs Jahre lang darf das Land bestellt werden, das siebte ist jedoch ein Brachjahr (Ex 23,10–12). Dann ist der Wildwuchs für »die Armen deines Volkes« bestimmt und das, was übrigbleibt, für die Tiere des Feldes. Nur in Israel ist dieser Siebener-Rhythmus bekannt, der sowohl im Wochen-, als auch im Jahreszyklus begegnet. Dem »Sabbat«, dem »Ruhetag« (šab̲āt̲) am Ende einer sechstägigen Arbeitswoche entspricht die »Brache«, die »Freigabe« (šᵉmiṭṭâ) der Felder in jedem siebten Jahr. Aus dieser alten Vorschrift des Brachjahres, die keinen motivierenden Zusatz braucht, hat sich die Institution des Erlassjahres entwickelt, das für den Bereich der Geldwirtschaft auf eine Schuldenbrache abzielt (Dtn 15,1–2; Neh 10,32).

b) Das Deuteronomium

Die Gesetzessammlung in Dtn 12–26 fördert drei Hauptanliegen: die Zentralisation des Kultes in Jerusalem (Dtn 12,2–7; 14,23; 16,11), die Gewaltenteilung als Lehre aus der gescheiterten Monarchie (Dtn 16,18–18,22) und ein Aktionsprogramm zur Bekämpfung akuter und struktureller Armut. Ist »Freiheit« die Losung des Bundesbuches, so »geschwisterliche Solidarität« das Motto im Dtn.[33] Die Begriffe für die Armen sind reduziert und auf zwei Gruppen verteilt: zum einen die Armen (ʾeḇyôn und ʿānî), zum anderen die Fremden, Waisen, Witwen, [Leviten und Sklaven]. Diese werden im Dtn nie als »Arme« bezeichnet, weil die dtn Gesetzgebung gerade sie, die (Grund-) Besitzlosen, vor dem Absturz in die Armut bewahren wollte: »Fremde, Waise und Witwen wird es immer geben. Niemand kann das verhindern. Aber nach dem Deuteronomium ist es möglich, eine Welt zu schaffen, in der man Fremder, Waise und Witwe sein kann, ohne deshalb arm zu sein. Darauf war das Deuteronomium aus.«[34] Es sind besonders die Erntefeste von Wochen- und Laubhüttenfest, in denen sich die Solidargemeinde Israels in Freude vor Gott versammelt (Dtn 16,9–12.13–15; 26,11); niemand, der Wohnrecht in Israel genießt, soll von der Freude über die reichen Gaben des von JHWH geschenkten Landes ausgeschlossen sein. Bei Opfern und Abgaben, die zum Jerusalemer Tempel gebracht werden, spielt das fröhliche Fest über die Segnungen der erbrachten Arbeit im Familienrund eine große Rolle (Dtn 12,4–7); auch die Leviten, die keinen Landanteil und Erbbesitz haben, dürfen nicht im Stich gelassen werden (Dtn 14,22–27). An jedem siebten Tag der Woche wird die gesellschaftliche Realität von oben und unten, von Herren und Knechten, von Mensch und Tier durchbrochen und zeigt sich idealtypisch die eigentliche Schöpfungsordnung (vgl. Ex 20,11). Auch Sklave und Sklavin sollen wie jeder freie Bürger zu Atem kommen. Wem das zu weit geht, der sei an das eigene Sklave-Sein in Ägypten erinnert (Dtn 5,12–15). Jeder Sabbat ist Erinnerung und Aufgabe zugleich. Im Gedenken der eigenen Befreiung darf nicht vergessen werden, dass der Gotteswille von Freiheit und Geschwisterlichkeit der vollen Verwirklichung harrt, solange es noch Sklaven, Untergebene und Arme in seinem Volk gibt. Ein besonderer Punkt im dtn Versorgungsprogramm ist die Vorschrift, jedes dritte Jahr den Zehnten der Jahresernte, der sonst am zentralen Heiligtum in Jerusalem abzugeben bzw. als Gegenwert dort auszugeben war (Dtn 14,22–27), im eigenen Stadtbereich zentral einzulagern, damit er als eiserne Ration für Leviten, Fremde, Waisen und Witwen zur Verfügung stünde, so dass diese nicht zu betteln brauchten (Dtn 14,28–29; 26,12–15). Ebenfalls zur Nahrungsbeschaffung für diese einkommensschwachen Personengruppen dient das Verbot der Nachernte von Korn, Oliven und Trauben (Dtn 24,19–22); sie steht allein Fremden, Waisen und Witwen zu (vgl. Rut 2,2.7ff.; Obd 5). Im Bundesbuch fehlte noch eine entsprechende Verordnung. In Lev 19,9–10 dagegen ist diese Vorschrift gekürzt: Oliven sind ausgelassen, in Lev 23,22 auch die Trauben. Die Maßnahmen zur Linderung von Armut wurden demnach von den führenden Kreisen heruntergeschraubt. Auch die dtn Gesetzgeber wissen, dass es in Israel immer »Arme« (ʾeḇyōnîm) geben wird (Dtn 15,4.11).[35] Die Maßnahmen, um diesem Missstand entgegenzuwirken, finden sich in Dtn 15,1–18 und 24,10–15 und betreffen den Bereich der

Geldwirtschaft; anders als das Bundesbuch steht die dtn Armengesetzgebung im Zeichen einsetzender Geldwirtschaft.[36]
Die Vorschriften der Ackerbrache in jedem siebten Jahr aus Ex 23,10f. bezieht das Dtn auf Kreditgeschäfte: Jetzt reicht es nicht mehr, den Armen im siebten Jahr den Wildwuchs zu überlassen, sondern eine Vermögensbrache ist gefordert. Die wirklichen Armen sind im Dtn nicht Fremde, Waisen und Witwen, sondern Kreditnehmer, denen das Wasser bis zum Hals steht. War zuvor der Bauer gehalten, die Früchte seiner Arbeit auf dem Feld, das ihm sechs Jahre lang Ertrag gebracht hatte, im siebten Jahr zur Versorgung der Armen freizugeben, so ist nun der Gläubiger verpflichtet, in jedem siebten Jahr auf die Durchsetzung seiner Kreditansprüche zu verzichten: »Er soll seinen Nächsten und Bruder nicht bedrängen, denn man hat einen Schulderlass ausgerufen für JHWH« (Dtn 15,2). Jedes siebte Jahr sollte den in wirtschaftliche Not Geratenen die Möglichkeit eröffnen, neu anzufangen, wodurch auch der Gewinnmaximierung der Wohlhabenden eine gewisse Grenze gesetzt war. Diese Bestimmung gilt aber nur für den verschuldeten Landsmann, nicht für den in Zahlungsschwierigkeiten geratenen »Ausländer« (nokrî) (Dtn 15,1–3). Die Geschichte des zur Freiheit befreiten Volkes ist sowohl Triebfeder als auch Begrenzung dieser Bestimmungen zur Schuldenbrache: »Ist das Ethos der Armenfürsorge heilsgeschichtlich begründet, so liegt darin auch die Grenze dieser Ethik in der Unterscheidung von Binnen- und Außenmoral, die den Judäer von der Rückzahlung des Darlehns im Erlassjahr befreit, den Ausländer aber nicht. Ist das Ethos in der Erwählung Israels aus den Völkern begründet, so findet es seine Grenze an den Grenzen des Volkes. In einem Reformprogramm, das sich gegen die Herrschaftsansprüche des neuassyrischen Reiches abgrenzt, ist eine universale, die Ausländer einbeziehende Ethik auch kaum zu erwarten«.[37]
In Dtn 15,7–11 geht es um Bestimmungen bei Kreditvergaben: Ist ein Volksgenosse, ein Bruder, verarmt, dann soll der Gläubiger gegen »Pfand« (ᶜᵃḇôṭ) zinsfrei leihen und sich der Bitte um Hilfe nicht verschließen. Da das Verlustrisiko hoch, die Sicherheiten aber gering waren, wird gemahnt, nicht hartherzig zu sein. Die Höhe des Kredits hat sich nach der Notlage des Kreditnehmers und nicht nach den Gewinnaussichten des Gläubigers zu richten! Der Missmut des Gläubigers, beim nahenden Erlassjahr dem Armen einen Kredit in der Höhe seiner Notlage zu gewähren (Dtn 15,9), ist wirtschaftlich gesehen allzu verständlich. Doch wird er dringend davor gewarnt, diesen ökonomischen Überlegungen nachzugeben, denn sollte der Arme zu JHWH um Hilfe schreien, dann wird »bei dir Sünde« sein (ḇᵉḵā ḥēṭᵉʾ) (vgl. 24,15). Der Warnung folgt keine rechtliche Sanktion, sondern zielt auf eine religiös begründete Gewissensentscheidung des Kreditgebers ab. An anderer Stelle wird nicht nur mahnend, sondern auch einladend um die ethische Zustimmung geworben, denn gibt der Gläubiger dem armen Kreditnehmer den gepfändeten Mantel für die Nacht zurück, so wird ihm dessen Segen zur Gerechtigkeit vor JHWH (24,13).[38]
Der dtn Gesetzgeber regelt auch die Modalitäten der Pfandnahme durch

den Gläubiger (Dtn 24,10–13). Er darf unter keinen Umständen das Haus des Schuldners betreten, um dort nach einem geeigneten Pfand zu suchen, sondern muss draußen warten, auf dass ihm der Schuldner ein Pfand übergibt. Die wirtschaftliche Position der Stärke darf die Privatsphäre des Armen nicht beschädigen. Sie muss geschützt bleiben, nicht zuletzt um den Bedürftigen vor einer allzu großen Demütigung vor seiner eigenen Familie zu bewahren. Der Lohn eines Notleidenden, der sich als Tagelöhner verdungen hat, muss noch am gleichen Tag ausbezahlt werden. Der Arbeitgeber wird davor gewarnt, dem Tagelöhner seinen Lohn vorzuenthalten, denn sollte dieser zu JHWH um Hilfe schreien, wäre jener mit Sünde behaftet (Dtn 24,15; auch 15,9). Einzigartig in seiner Umwelt ist Israels Bestimmung, den entflohenen Sklaven seinem Herrn nicht auszuliefern (Dtn 23,16f.; vgl. 1 Sam 30,11–15). Im Codex Ešnunna (§ 49) muss jemand, der mit einem entflohenen Sklaven angetroffen wird, den doppelten Wert des Sklaven oder der Sklavin zahlen. Nach § 51 dürfen die als Sklaven gekennzeichneten Personen das Stadttor gar nicht erst verlassen. Im Codex Hammurapi (§ 17) wird die Aufnahme eines entlaufenen Sklaven mit dem Tod bestraft: »Wenn er diesem Sklaven in seinem Haus Unterschlupf gewährt, danach aber der Sklave in seinem Haus erwischt wird, wird dieser Mann getötet«.[39] In Israel dagegen darf sich der entlaufene Sklave sogar seinen Wohnort aussuchen und soll nicht bedrängt, d.h. in eine neue Abhängigkeit gezwungen werden (Dtn 23,17). Die Spuren hin zur Abschaffung des Sklaventums werden hier zumindest sichtbar.

c) Das Heiligkeitsgesetz (Lev 17–26)[40]

Diese Bezeichnung hat sich in der Forschung nach einem Aufsatz von A. Klostermann (1877)[41] durchgesetzt und geht auf die vielfach eingestreute Paränese zurück: »Seid heilig, denn heilig bin ich, JHWH, euer Gott« (Lev 19,2). Das Grundanliegen der priesterschriftlichen Theologie nimmt auch im Heiligkeitsgesetz eine zentrale Stellung ein: die Gottesnähe! Die Ethik des Heiligkeitsgesetzes (HG) gründet auf dem Prinzip der Nachahmung: Weil JHWH heilig ist, kann und soll diese Heiligkeit im Leben Israels sichtbar werden. Der Exodus wird hier nicht primär sozialethisch als Forderung nach Befreiung (Bundesbuch) oder als Mahnung zur Geschwisterlichkeit (Dtn) verstanden, sondern als Zeichen von JHWHs besonderer Nähe.

Im Gegensatz zu den dtn Gesetzen, die eine Gesellschaft ohne Bedürftige anstreben, entwirft das HG ein Programm des sozialen Ausgleichs, das die für unabwendbar erachtete Trennung in arm und reich zumindest zu mildern sucht. Anders als im Bundesbuch oder im Dtn sind im HG alle sozialrechtlichen Bestimmungen in einem Block zusammengestellt (Lev 25).[42] Darüber hinaus findet sich noch in Lev 19,9–10; 23,22 das aus Dtn 24,19–22 bekannte Verbot der Nachernte; sie soll dem Armen (ʿānî) und Fremden (gēr) überlassen sein. Doch kennt das HG auch den Fall, dass ein Fremder oder Beisasse (tôšāḇ) zu Reichtum kommt und sich ein judäischer Bürger ihm verdingen muss (Lev 25,47ff.). Ein Fremder darf nicht unterdrückt werden, im Gegenteil, er soll wie ein Einheimischer gelten: »Du sollst ihn lieben wie dich selbst; denn ihr seid selbst Fremde in Ägypten gewesen. Ich bin der Herr, euer Gott« (Lev 19,33–34; vgl. 19,18).[43]

Die sozialrechtlichen Bestimmungen in Lev 25 betreffen zum einen das Sabbatjahr in jedem siebten Jahr, zum anderen das Jobeljahr, das nach Ablauf von sieben mal sieben Jahren gefeiert wird, also im 49. Jahr (Lev 25,8). Die abweichende Zählung des 50. Jahres (Lev 25,10) erklärt sich dadurch, dass das jeweilige Jobeljahr miteingerechnet ist. Das soziale Programm in Lev 25 ist von Paränesen durchzogen, die die einzelnen Vorschriften eng mit JHWH und seinem Vorrecht auf das Land und seine Bewohner verbinden (Lev 25,17b–19.23f.38.42.55). Ihm allein gehört das Land und Israel lebt dort nur als Gast (V 23f.). Alle sind Knechte JHWHs, weshalb auch kein Israelit eines anderen Sklave sein darf (V 55).[44]

Die Gottbezogenheit des Landes und seiner Bewohner wird im Siebener-Rhythmus jeden siebten Tag (Sabbat), jedes siebte Jahr (Sabbatjahr) und jedes sieben mal siebte Jahr (Jobeljahr) realsymbolisch zum Ausdruck gebracht. Dabei nähern sich Land und Bewohner immer mehr Gottes Heiligkeit an: Bei der allwöchentlichen vollständigen Sabbatruhe darf keine Arbeit verrichtet werden, denn es ist ein Sabbat für JHWH (Lev 23,3). Die Ruheverpflichtung ist ganz auf Gott hin ausgerichtet. Wer den Sabbat bricht, verweigert Gott, was diesem gehört! Sein Anspruch auf das Land wird im jeweils siebten Jahr noch deutlicher, denn dieser Sabbat dauert dann ein volles Jahr. Die alte Ackerbrache im siebten Jahr (Ex 23,10–11) ist zu einem vollständigen Sabbatjahr für JHWH (Lev 25,4) geworden, jedoch ohne Folgen für die Kreditwirtschaft. Von einem Verzicht auf kreditrechtliche Ansprüche im Sinne einer Aussetzung der Personalhaftung wie in Dtn 15,1ff. ist keine Rede. In noch höherem Maße als beim agrarischen Brachjahr stellt sich die Frage nach der Durchführbarkeit eines vollständigen Ruhejahres: Wovon soll sich denn die Bevölkerung im siebten Jahr ernähren? Die theologische Zuspitzung ist deutlich: JHWHs Herrschaft über das Land ist Garant dafür, dass es seine Menschen und Tiere auch im Ruhejahr am Leben erhält.[45] Weil Gott das Land gehört, bringt es auch ohne menschliche Arbeit in jedem siebten Jahr genügend Nahrung für Mensch und Tier hervor. Vielleicht ist sogar eine Anspielung auf die Fruchtbarkeit des Garten Eden mitzuhören: Das gelobte Land ist zwar kein Paradies und trieft auch nicht von Milch und Honig, aber es ernährt in jedem siebten Jahr seine Bewohner, ohne dass sie dafür zu arbeiten bräuchten (vgl. Gen 3,17–19).

Den Höhepunkt des HG bildet das jeweils siebte Sabbatjahr, das an Jom Kippur, am großen Versöhnungstag, mit dem Blasen des Widderhornes (yôḇēl) (vgl. Ex 19,13; Jos 6,4f.8.13), daher Jobeljahr [nicht: *Jubel*jahr], eröffnet wird: »Ihr sollt das fünfzigste Jahr für heilig erklären und eine Freilassung ausrufen im Land für all seine Bewohner. Es soll für euch ein Jobeljahr sein, und jeder von euch soll wieder zu seinem Besitz kommen, und jeder soll zurückkehren zu seiner Sippe« (Lev 25,10). Das hier gebrauchte hebräische Wort für »Freilassung« (d^{e}rôr) (vgl. Jes 61,1) steht dem akkadischen *(an)durāru* sehr nahe, dem Terminus technicus für Schuldenerlass, Sklavenfreilassung und Aufhebung anderer Abhängigkeiten. Hier bezeichnet es die wiedergeschenkte Freiheit eines jeden Volksgenossen, der zu seinem Grundbesitz und zu seiner Sippe zurückkehren darf. Gegenüber Dtn 15,12–18 bedeutet diese Bestimmung aber eine Verschlechterung für diejenigen, die aus Geldnöten in Schuldabhängigkeit geraten waren, denn nun war ihnen die Freiheit nicht für jedes siebte Jahr, sondern erst für jedes fünfzigste in Aussicht gestellt. Bei der geringen Lebenserwartung in der damaligen Zeit bedeutete diese Regelung *de facto* eine lange, meist sogar lebenslängliche Existenz in Unfreiheit, auf jeden Fall dann, wenn jemand bereits kurz nach einem Jobeljahr in die Schuldabhängigkeit geraten war. Um diese Härte zu mildern, bauten die Gesetzgeber des HG zwei Notbremsen ein: Zum einen kann ein Israelit nicht zum Sklaven (ʿeḇeḏ) degradiert werden. Wer wegen Zahlungsunfähigkeit seine eigene Arbeitskraft verpfänden muss, ist vom Gläubiger als Tagelöhner (śāḵîr) oder Beisasse (tôšāḇ) zu behandeln (Lev 25,39–43). Er und seine Familie gehen nicht in den Besitz des Gläubigers über und können auch nicht weiterverkauft werden. So kann ein Israelit zwar verarmen und sich einem Gläubiger als Arbeitskraft verdingen, bleibt aber dennoch Bürger. Diese Regelung gilt nicht für ausländische Sklaven und Sklavinnen, die auf den Märkten am Mittelmeer reichlich zu kaufen waren, und auch nicht für Beisassen oder Halbbürger, die im Lande lebten und dort Kinder gezeugt hatten. Diese konnten sogar den Nachkommen der Gläubiger als zukünftiges Eigentum vererbt werden (Lev 25,44–46).

Zum anderen ist im Jobeljahr nicht nur die Personen-, sondern auch die Sachhaftung aufgehoben: Der als Schuldpfand entäußerte Grund und Boden fällt spätestens im fünfzigsten Jahr an den Besitzer zurück. Dann ist er endlich wieder freier Bürger auf eigener Scholle (Lev 25,14ff.). Der Grundbesitz freier Israeliten ist nicht auf Dauer veräußerbar, wie auch der freie Bürger nicht dauerhaft in Schuldknechtschaft gehalten werden kann. Grund und Boden waren unverkäuflich und standen auch nicht als Sachpfand zur Verfügung, sondern nur die darauf zu erzielenden Ernten, jeweils hochgerechnet bis zum nächsten Jobeljahr. Je nachdem, ob das fünfzigste Jahr noch in weiter Ferne oder schon in nächster Nähe war, erhöhte oder verringerte sich der Pfandwert der Grundstücke. Doch auch damit ergab sich für den Gläubiger noch keine letzte Sicherheit zur Gewinnmaximierung, denn für jeden Grundbesitz musste ein vorzeitiges Rückauslösungsrecht (g^{e}ʾullâ) eingeräumt werden: »Wenn dein Bruder verarmt und etwas von seinem Besitz verkaufen muss, soll sein nächster Verwandter als sein Löser (gōʾēl) kommen und auslösen (gʾl), was sein Bruder verkauft hat« (Lev 25,25; insgesamt 25,23–28).

In allem wird deutlich, dass das HG das dtn Vorsorgeprogramm nicht fortsetzt. Dennoch ist es mehr als nur ein »50-Jahre-Wartezimmer-System«.[46] Die Tatsache, dass das Jobeljahr wohl nie in die Praxis umgesetzt worden ist, spricht nicht *ipso facto* gegen das Programm. Eher ist zu bedauern, dass die dtn Idee der Festfreude vor JHWH, die allen Bewohnern des Landes zugute kommen soll, nicht ins HG aufgenommen wurde. Auch bleibt der Kreis derer, die ihre Freiheit wiedererlangen können, auf die Mitglieder des Gottesvolkes beschränkt. Ein Blick auf die priesterschriftliche Schöpfungstradition, die sich zur Gottesebenbildlichkeit aller Menschen bekennt (Gen 1,27; 9,6), hätte den Verfassern des HG wohl angestanden! Dass JHWHs Heiligkeit am sozialen Umgang mit den in Not Geratenen ablesbar sein soll, bleibt dagegen auch den christlichen Kirchen ins Stammbuch geschrieben.

C. Arm und reich in den Prophetischen Schriften

Denkt man in den christlichen Kirchen über das Thema arm und reich im Ersten/Alten Testament nach, werden vorwiegend prophetische Texte genannt. Dies nicht ganz zu Unrecht, denn die Sozialkritik eines Amos, Micha und Jesaja aus dem 8. Jh. v. Chr., die sich besonders gegen das Zerbrechen der alten Strukturen von Solidarität und Familienbanden richtete, ist auch heute noch bzw. wieder aktuell.[47] Sie erkannten, dass mit den neuen wirtschaftlichen Gegebenheiten jener Zeit das Ideal des von JHWH befreiten Volkes auf dem Spiel stand. Nicht zuletzt an der sozialen Frage entschied sich für sie die von Gott gewollte Besonderheit Israels. Die Propheten stehen dem Phänomen von arm und reich nicht wertneutral gegenüber, sondern stellen sich auf die Seite der Armen. Die Schulweisheit der Oberschicht, dass Armut häufig auf Faulheit und Unbesonnenheit beruhe, teilen sie nicht. Auch suchen sie nicht nach weisheitlichen Ordnungsprinzipien, die arm und reich als schöpfungsimmanente Faktoren neutralisieren, sondern bleiben unbequeme Diskutanten, die nach Schuld fahnden und Vergehen aufdecken. Wenn sie Israel in Frage stellen, so tun sie das nicht aus Nörgelei oder Querulantentum, sondern weil sie das Ideal und die Zukunft Israels durch diejenigen gefährdet sehen, die aus Egoismus und Gewinnsucht das *proprium israeliticum* verraten!

1. Die vorderen Propheten

Anders als die griechische und lateinische Tradition kennt die hebräische Bibel keine eigentlichen »Bücher der Geschichte«. Für sie ist JHWHs Weg mit seinem Volk ständig durch das Wort seiner Propheten begleitet. Dies gilt besonders für die Zeit der Monarchie, die von Anfang an unter dem Zeichen der prophetischen Kritik steht: Die kritischen Stimmen von Samuel (1 Sam 1ff.), Natan (2 Sam 12), Ahija (1 Kön 14,1–18), Elija (1 Kön 17ff.), Elischa (1 Kön 19ff.) und Micha ben Jimla (1 Kön 22,5–28) wollen der Königsherrschaft Gottes in Israel Raum und Geltung verschaffen. Demgegenüber stellt die Forderung nach einem menschlichen Königtum zum Ende der Richterzeit die politische Todsünde dar, die Israel teuer zu stehen kommt. Auf Samuels Ablehnung zum Königsverlangen des Volkes antwortet JHWH: »Höre auf die Stimme des Volks in allem, was sie zu dir sagen. Denn nicht dich haben sie verworfen, sondern mich haben sie verworfen, dass nicht ich König sein soll über sie« (1 Sam 8,7).

Hanna, Samuels Mutter, die lange Jahre unter ihrer Kinderlosigkeit litt, besingt im Danklied die Einzigartigkeit JHWHs (1 Sam 2,1–10), der die ge-

sellschaftlichen Verhältnisse auf den Kopf stellt: »JHWH macht arm und macht reich, er erniedrigt und er erhöht. Den Schwachen (dal) hebt er empor aus dem Staub, er erhöht den Armen (ʾebyôn), der im Schmutz liegt; er gibt ihm einen Sitz bei den Edlen, einen Ehrenplatz weist er ihm zu« (1 Sam 2,7f.). Wenn Lukas im Magnifikat (Lk 1,46ff.) das Lied der Hanna aufnimmt, dann ist für ihn die Geburt des königlichen Kindes der Beginn einer die Gesellschaft verändernden Herrschaft. Doch hat er die Provokation des Hannaliedes abgeschwächt, wenn Maria singt: »Die Hungernden beschenkt er mit seinen Gaben und lässt die Reichen leer ausgehen« (Lk 1,53). Aus JHWHs Umverteilung, der die Armen reich und die Reichen arm macht, ist ein sozialverträglicher Ausgleich geworden. Im Hannalied steht die ganze nachfolgende Periode der Monarchie letztlich unter einem negativen Stern, denn Hanna erbittet zwar für den König Gottes Stärke (1 Sam 2,10), doch ist dem Leser bewusst, dass die Nachkommen Davids es an sozialem Engagement für die Armen haben fehlen lassen.
Im Danklied Davids (2 Sam 22; par Ps 18) am Ende der Samuelbücher, dem poetischen Pendant zum Hannalied, ist ebenfalls die Armutsthematik angeschnitten: »Dem armen Volk bringst du Rettung« (V 28). Doch während seiner eigenen Amtsführung war davon nicht viel zu sehen. Dabei kommt David selbst aus bescheidenen Verhältnissen, woraus er auch keinen Hehl macht: Das Angebot, Schwiegersohn des Königs zu werden, ehre ihn zwar, aber der Brautpreis für eine Königstochter übersteige die Möglichkeiten seiner Familie, denn er sei »arm« (rāš: 1 Sam 18,23). Doch im Kreise der Macht angekommen, ist von Bescheidenheit keine Rede mehr: Auf der Flucht vor Saul umgibt er sich mit vierhundert Männern, die sich wegen Zahlungsschwierigkeiten und anderer Probleme nicht mehr in den Dörfern und Städten blicken lassen können (1 Sam 22,2). Die Armutsfalle spült ihm diese Outlaws nur so zu und unter seiner Führung halten sie sich u.a. durch Schutzgelderpressung von reichen Viehzüchtern über Wasser (1 Sam 25). Nachdem er selbst den Thron erobert und die außenpolitischen Gefahren gebannt hat, beginnt sein innenpolitisches Desaster. Der Ehebruch mit Batseba und die Todesfalle gegen Urija sind möglicherweise nur ein Ausschnitt seines Amtsmissbrauchs gewesen. Wenn sich David durch die Natanparabel (2 Sam 12) als gewissenloser »Reicher« (ʿāšîr) wiedererkennen muss, der dem »Armen« (rāʾš) sein einziges Lämmchen raubt, zeigt dies, wie tief die Monarchie mit ihm gesunken ist. Diese Missstände versucht Abschalom gegen seinen Vater auszunutzen (2 Sam 15,1–6). Die Bürger, die frühmorgens mit ihren Rechtsstreitigkeiten ans königliche Gericht in Jerusalem kommen, fängt er im Stadttor ab und erklärt ihnen, dass bei dieser königlichen Verwaltung ihre Sache verloren sei. Wäre er jedoch anstelle seines Vaters König, würde er schon für das Recht sorgen. Diese Episode gibt einen Einblick in die Rechtsunsicherheit freier Bürger, von der Lage der Armen und Bedürftigen ganz zu schweigen!
Dass die Lage im Nordreich nicht besser war, zeigt die Erzählung von Nabots Weinberg, der an das Grundstück des Königs Ahab grenzt (1 Kön 21).

Nachdem Nabot mit Hinweis auf die Unveräußerlichkeit des Familienbesitzes das königliche Kaufangebot abgelehnt hat, macht die Königin Isebel, eine ehemalige Prinzessin aus Sidon (1 Kön 16,31), ihrem Mann klar, dass für den König doch nichts unmöglich sein könne. Machtverfilzung und Bestechlichkeit bringen den unschuldigen Nabot um sein Leben: Rechtsträger sind zu Rechtsbrechern geworden. Auch auf dem Land herrscht das Recht des Stärkeren, unter dem besonders die Sozialschwachen zu leiden haben. So wendet sich die erst kürzlich verwitwete Frau eines der Prophetenjünger Elischas an diesen um Hilfe, denn der Gläubiger ihres verstorbenen Mannes dringe bei ihr auf die Begleichung der noch ausstehenden Schulden an und fordere daher ihre beiden Söhne als Schuldsklaven. Durch eine wundersame Ölvermehrung ermöglicht es ihr Elischa, die Familienschulden zu begleichen und mit ihren Söhnen fortan in Ruhe zu leben (2 Kön 4,1–7).
Diese soziale Zerklüftung Israels und Judas, die durch die Intrigen von königlicher Macht und Oberschicht noch verstärkt wurde, bildet das Szenarium, in dem die großen Schriftpropheten das Gotteswort zu Gehör bringen.

2. Die hinteren Propheten

Die prophetische Sozialkritik bleibt auch für unsere moderne Welt mit ihrer skandalösen Kluft zwischen exzessivem Reichtum und bitterer Armut aktuell. Dabei wäre es naiv, die über 2700 Jahre alten Worte eines Amos, Michas oder Jesajas einfach in die heutige Zeit zu übertragen: Nicht um Handlungsrezepte geht es, sondern um das Stellen unbequemer Fragen, die im Zeitalter globaler Vernetzungen allzu schnell verschüttet werden.[48]
Die großen Schriftpropheten waren keine weltfremden Utopisten oder realitätsferne Wahrsager. Sprachen sie über die Zukunft, dann im Kontext und als Folge einer konkret erlebten Wirklichkeit. Ihre Kritik richtete sich besonders gegen den Zerfall und die Auflösung der alten Solidarstrukturen, eine Situation, die auch heute viele afrikanische, lateinamerikanische, asiatische und ozeanische Gesellschaften destabilisiert! Wenn manchen im europäischen Raum diese *vox prophetica* zu radikal erscheint und man sich auf weichgespülte messianische Verheißungen für die Advents- und Weihnachtszeit zurückziehen möchte, so unterstreicht das den bleibenden Stachel der prophetischen Botschaft.

a) Arm und reich bei Amos und Micha; Jeremia, Ezechiel und Sacharja

Die Auswahl der schriftprophetischen Belege kann hier nur exemplarisch erfolgen, ergibt aber dennoch ein aussagekräftiges Bild. Darin werden die Situationsanalysen der vorexilischen Prophetie des 8. Jh.s im Nord- [Amos] und Südreich [Micha], sowie die Stellungnahmen der frühvorexilischen [Jeremia] und exilischen [Ezechiel] und nachexilischen [Sacharja] Prophetie zu

Worte kommen. Auf redaktionskritische Feindifferenzierungen darf und muss in diesem Zusammenhang verzichtet werden. Die Belege des Buches Jesaja werden anschließend eigens vorgestellt, denn wie in keiner anderen Prophetenschrift ergibt sich dort eine zusammenhängende Argumentationslinie, die eine große Nähe zu armentheologischen Strömungen im Psalter aufweist.

Amos, der Maulbeerfeigenzüchter aus dem judäischen Tekoa, den JHWH hinter der Herde weg zum Propheten berief (Am 7,14–15), tritt im Nordreich des militärisch und wirtschaftlich erfolgreichen Königs Jeroboam II (783–743 v. Chr.) auf. Dieser hatte die Nordgrenze des davidisch-salomonischen Reiches wiederhergestellt und unter ihm durchlebte Israel eine hochkonjunkturelle Phase.[49] Die Kehrseite dieser wirtschaftlichen Blüte war der Zerfall der egalitären Agrargesellschaft, denn sowohl Nord- als auch Südreich gerieten in eine sozio-ökonomische Schieflage. Mit Hilfe der Könige und ihrer Verwaltung wurden die Erfolgreichen immer reicher und die Kleinbauern immer ärmer. Was das Bundesbuch zu verhindern suchte und wogegen wenig später das Deuteronomium appellieren sollte, war eingetreten: Der Damm der Solidarität und Geschwisterlichkeit war durchbrochen. Im ressourcenarmen Palästina gab es nur einen Weg, sich einen entscheidenden wirtschaftlichen Vorteil zu verschaffen: der Besitz bzw. die Nutzungs- und Ertragsrechte über möglichst viel Grund und Boden. Landbesitz hieß Macht und viel Boden bedeutete Reichtum. Hatte man die Kleinbauern durch Darlehensverträge an sich gebunden, meist gekoppelt an Saatgutlieferungen, war der Weg frei, sich zuerst einen Teil ihrer Erträge zu sichern, dann deren Arbeitskraft, die ihrer Familien und zuletzt den fremden Boden selbst. Am 8,4–6 prangert diesen Armut und Arme produzierenden Teufelskreis an: Die Kornhändler können es gar nicht abwarten, nach Feiertag und Sabbat wieder mit den bereits Verarmten, aber noch weiter Auszubeutenden Geschäfte zu machen. Die Maße für das zu verkaufende Korn und Saatgut werden nach unten, die Gewichte dagegen nach oben hin gefälscht, so dass der Käufer zweifach betrogen wird. Den Händlern geht es nicht allein um den so ergaunerten Gewinn, sondern sie wollen die Schuldner selbst: »Äußerlich betrachtet kaufen die Armen beim Händler Getreide, aber in Wirklichkeit kauft der Kornhändler seine Kunden, d.h. bringt sie in seine Gewalt. Denn sie können die als Lebensmittel oder Saatgut erworbene Ware nicht bezahlen, werden Schuldner und landen schließlich in jener Abhängigkeit, die man als Schuldknechtschaft bezeichnet«.[50] Anders als es die Einheitsübersetzung wiedergibt, bezeichnet das Geld und das Paar Sandalen nicht den Kaufpreis für die Hilflosen (dallîm) und den Armen (ʾeḇyôn), sondern den Zahlungsrückstand ihrer Darlehnsschuld, der ihnen zum Verhängnis wird. Konnte der Schuldner sein Darlehen zurückzahlen, war dem Gläubiger eine ertragreiche Rendite sicher, konnte jener dies aber nicht, fehlten ihm auch nur noch die letzten paar Groschen, so saß er in der Falle: Nicht der Gläubiger schrieb seine Kredite ab, sondern der in Rückstand geratene Schuldner war abgeschrieben! Das Grundübel bestand im

Missverhältnis zwischen gewährtem Darlehen und den katastrophalen Folgen für den Schuldner im Falle einer auch nur bedingten Zahlungsschwäche. Damals galt das, was auch heute noch gilt: Schulden muss man sich leisten können, sonst sind sie der Anfang vom Ende.[51]
Der Rentenkapitalismus wird von Amos als rechtsverletzend kritisiert, weil er dem armen Kleinbauern keine Chance lässt. Der Arme ist nicht gerecht (ṣaddîq) (Am 2,6), weil er arm ist, sondern weil er gegenüber der Ausbeutung der Reichen im Recht ist (vgl. Jer 5,28; 22,16). Seine Armut ist von den Reichen bewusst herbeigeführt, die sich auf seine Kosten bereichern. Dass lässige Hand Armut bringe, fleißige Hand dagegen Reichtum (Spr 10,4), muss dem Propheten Amos wie Hohn vorgekommen sein, wenn doch der säumige Kleinbauer, der seine Tochter als Darlehnspfand preisgab, zusehen musste, wie der Gläubiger und dessen Sohn mit ihr verkehrten (Am 2,7). Was kümmert sie die Bestimmung aus dem Bundesbuch (Ex 21,7–11)! Ebenso wenig scheren sie sich darum, den gepfändeten Mantel des Armen vor Anbruch der kalten Nacht zurückzugeben (Ex 22,25), wenn man auf der gepfändeten Kleidung der Bedürftigen doch so gut liegt. Dass sie dies neben den Altären tun und dazu den von den Armen erpressten Wein im Heiligtum saufen, ist der Gipfel ihrer Bosheit (Am 2,8). Dazu machen sie sich einen Spaß daraus, die aus religiösen Motiven abstinenten Nasiräer zum Alkoholkonsum zu zwingen und den Propheten den Mund zu verbieten (Am 2,12).
Es bleibt nicht bei diesen Festgelagen auf gepfändeten Kleidern mit erpresstem Wein, denn die Reichen wollen zeigen, was sie haben und zwar nicht irgendwo auf dem Land, sondern in der Hauptstadt Samaria. So wachsen ihre Paläste und mit ihnen das Unrecht. Amos lässt sich nicht blenden und bilanziert: Unfähig, das Rechte zu tun, häufen sie Reichtum über Reichtum, Renditen aus Gewalt und Ausbeutung (Am 3,9–10). Hinter den Palastmauern schwemmt der Luxus die Frauen der Reichen so auf, dass Amos sie mit fetten Baschanskühen vergleicht. Sie selbst haben wohl noch nie einen verarmten Bauern zu Gesicht bekommen und treiben ihre Männer an, noch mehr Wein herbeizuschaffen, um ordentlich weitertrinken zu können (Am 4,1). Dass dieser Wein nicht dem eigenen Fleiß entstammt, sondern dem verarmten Kleinbauern als Strafzahlung abgepresst ist, tut ihrer guten Laune keinen Abbruch. Das Beste ist ihnen gerade gut genug: So faulenzen sie auf dick gepolsterten Betten aus Elfenbein, sind gefräßig, trinkwütig und umgeben sich zudem noch mit dem Flair von Kultur, wenn sie vulgär grölend der Meinung sind, Lieder wie die Davids zu komponieren (Am 6,4–6).
Ein solcher Luxus braucht politische Unterstützung, um zu funktionieren; diese bietet die Torgerichtsbarkeit. Den Reichen ist es ein Leichtes, durch Bestechungsgelder Geschautes ungesehen und Getanes ungeschehen zu machen. Richterliche Entscheidungen sind käuflich und die letzten Mahner werden ins Abseits gedrängt. Pachtgelder und Getreideabgaben zulasten der Kleinbauern runden das Bild der gesellschaftlichen Korruption ab: Auf

Kosten der Verarmten entstehen Nobelbauten und werden prächtige Weinberge angelegt (Am 5,7.10–11).[52]
Die Lage im judäischen Süden ist ebenfalls katastrophal, wie die Sozialkritik Michas und Jesajas zeigen.[53] Der aus dem 30 km südwestlich von Jerusalem gelegenen Ort Moreschet stammende Micha setzt sich vehement für die Landrechte der Kleinbauern ein, die schutzlos den Machenschaften der Finanzkräftigen in der Hauptstadt ausgesetzt sind. Die Stadt ist das Zentrum von Macht, Geld und Politik (Mi 1,5.9; 3,9–12), die die bäuerliche Solidargemeinschaft aus den Angeln hebt. Michas Kritik richtet sich zum einen gegen die Mächtigen der Wirtschaft (Mi 2,1–11), zum anderen gegen den politischen Überbau des Systems, gegen korrupte Richter, habgierige Propheten und bestechliche Amtsleute (Mi 3,1–12). Es geht nicht um Einzelfälle, sondern um ein ganzes Unrechtssystem: »Weh denen, die auf ihrem Lager Unheil planen und Böses ersinnen. Wenn es Tag wird, führen sie es aus; denn sie haben die Macht dazu. Sie wollen Felder haben und reißen sie an sich, sie wollen Häuser haben und bringen sie in ihren Besitz. Sie wenden Gewalt an gegen den Mann und sein Haus, gegen den Besitzer und sein Eigentum« (Mi 2,1–2). Für Micha sind solche Gewaltmenschen, mögen sie derzeit auch noch uneingeschränkte Macht genießen, so gut wie tot, weshalb er über sie bereits die Totenklage in Form des Weherufes anstimmt. Sie pervertieren durch ihr böses Treiben sogar die kosmische Ordnung, denn anstelle der göttlichen Bestrafung der Übeltäter beim Anbruch eines neuen Tages (Zef 3,5; Ps 46,6; 90,14 u.ö.) setzen sie ihre Unrechtspläne gerade am Morgen in die Tat um![54] Nicht die Sonne der Gerechtigkeit erstrahlt am Morgen über Haus und Grund des [noch] freien Bürgers, sondern die Pacht- und Darlehnseintreiber stehen in aller Frühe vor der Tür. Erneut treibt die Schuldenfalle ihr Unwesen. Wegen ausstehender Zahlungen verliert der Eigentümer seinen Besitz an die Gläubiger in Jerusalem und gerät in erzwungene Unfreiheit. Eben diese Schuldsklaverei, die dem einst freien Bürger droht, kündigt Micha den landraubenden Investoren an (Mi 2,3). Mit dem zeitweiligen oder gar dauerhaften Verlust des Mannes und seiner eigenständigen Arbeitskraft sind dessen Frau und Kinder der Gewalt der neuen Eigentümer schutzlos ausgesetzt. Sie werden aus den Häusern vertrieben, die Kinder der Ehre freier Menschen für immer beraubt (Mi 2,9; vgl. 2 Kön 4,1–7). Dass die Schuldsklaverei zeitlich begrenzt sein bzw. dass es eine unbegrenzte Bindung an den Gläubiger nur auf freiwilliger Basis geben sollte (Ex 21,2–6; Dtn 15,12–18), ließ die Landeigner eher kalt. Was allein zählte, war der Profit. »Immer mehr freie Bauern geraten in Armut, ja in Schuldknechtschaft. Die alten Gesetze, die im Kern eine Gesellschaft freier Bauern in der Struktur ihrer Familien und Sippen voraussetzen, greifen nicht mehr. Nicht gegen, sondern weithin mit den Gesetzen gelingt es den Mächtigen, die Sozialordnung noch mehr zu ihren Gunsten zu verändern. Gesetze, die Gleichheit voraussetzen, führen bei schon bestehender Ungleichheit zu ihrer Vergrößerung«.[55] Diese Situation wird in Mi 3,1–12 an den Pranger gestellt, wobei der Begriff »Recht« (mišpāṭ) im Mittelpunkt

steht (V 1.8.9). Die Oberschicht und ihre Handlanger hätten wohl gern gesehen, dass sich auch Micha wie ein Fähnchen im Wind dreht (Mi 2,11), aber diesen Gefallen tut er ihnen nicht, sondern er greift das Establishment an. Richter und Führer müssten das Recht kennen, und zwar im Sinne einer Rechtsauffassung, die dem positiven Recht vorausliegt, doch ziehen sie Böses dem Guten vor, fressen Gottes Volk auf, ziehen den Leuten die Haut von den Knochen, zerlegen ihr Fleisch für den Kochtopf wie einen Braten für die Pfanne (Mi 3,1–3). Nicht nur schützen sie die Bedrängten nicht, sondern wirken auch noch bei deren Ausbeutung mit! Zur Propaganda der Mächtigen gehören auch prophetische Kreise, die ihre positiven bzw. negativen Orakel nach der Höhe ihrer Entlohnung ausrichten und so ihr Amt als Boten des Gotteswortes verraten (Mi 3,5–8). Der Schluss der alten Michaschrift liegt im Abschnitt Mi 3,9–12 vor, der zugleich die Sozialkritik des Propheten resümiert: Führer, Richter, Priester und Propheten, alle haben das Recht missachtet und das Gerade verdreht. Neu ist der Vorwurf, sie erbauten Zion mit Blut und Jerusalem mit Unrecht, wobei sie sich auch noch auf JHWH stützten. Anders als bei Worten des Amos gegen die Paläste Samarias geht es hier nicht um einzelne Privatbauten, sondern um den Ausbau der Hauptstadt als solcher. Im Hintergrund steht der Gedanke, man schmücke ja nicht irgendeine Stadt mit Reichtum und Glanz, sondern die Stadt JHWHs; da er selbst in ihr wohne, könne auch kein Unheil über sie kommen (V 11). Dass Gott sich aber nicht vor den Karren der Ausbeuter spannen lässt, im Gegensatz zur politischen Elite Jerusalems, zeigt die Unheilsankündigung in Mi 3,12: Zion wird zum Acker umgepflügt, Jerusalem zum Trümmerhaufen und der Tempelberg zur bewaldeten Höhe. Dass hier ein »geradezu idyllisches Bild« vorliegt, das das Ende von Fron und Unterdrückung beschreibt[56], trifft m.E. nicht zu, denn zum einen sind keine Nutznießer genannt (ebensowenig wie in Jer 26,18) und zum anderen wäre dies der einzige Text im Alten Testament, wo Zionstheologie und Armentheologie gegeneinander ausgespielt würden – außer man ginge davon aus, dass es die Armen seien, die das umgepflügte Gelände Zions in Zukunft bearbeiten könnten. Aber die bewaldeten Höhen sprechen dagegen, denn »Wald« (yaʿar) steht hier im Gegensatz zum kultivierten Ackerland (vgl. Jes 32,15.19). Mi 3,12 ist der einzige Text, der mit Quellenangabe in einer anderen Prophetenschrift zitiert wird (Jer 26,18). Dass sich JHWH *gegen* Zion und Jerusalem wendet, ist an theologischer Dramatik kaum zu überbieten und hat erheblich zur Literaturwerdung der Schriften des biblischen Israels beigetragen. Nicht zuletzt die alte Michaschrift (Kap 1–3*) wurde gerade ob der Zionsthematik fortgeschrieben: Wie im Jesajabuch ist dem korrupten Jerusalem (Jes 1) der endzeitliche Ort der Pilgerfahrt von Israel *und* den Völkern gegenübergestellt (Jes 2,2–4; Mi 4,1–5). Doch bevor JHWHs Königtum auf dem Berg Zion zugunsten der Lahmenden und Verstoßenen anbricht (Mi 4,6–7), muss Zion erst noch ihre Geburtswehen ertragen: An Deportation und Exilierung geht kein Weg vorbei (Mi 4,10). Der Motivkomplex von Zion, Exil, JHWHs Königtum und Armentheologie in Mi 4–5 ist im zweiten Teil des Jesajabuches (Jes 40–55) breit entfaltet. Demgegenüber erinnert die Sozialkritik in Mi 6–7 stark an Jes 56ff. (bes. Jes 56,9–59,21). Mi 6,9–16 nimmt die prophetische Anklage von Mi 2,1–11 gegen die Wohlhabenden auf, die mit gefälschten Maßen und Gewichten immer mehr Reichtum anhäufen und selbst voller Gewalttat sind. Man steht mit Mi 6,16 wieder bei der Situation von Mi 3,12: bei der Ankündigung von Jerusalems Zerstörung. Doch hat sich die Lage dramatisiert, denn zwischen beiden Unheilsankündigungen hat Mi 4–5 Heil für Israel und die Völker angesagt. Das heißt: An der Frage der sozialen Gerechtigkeit entscheidet sich die eschatologische Heilsperspektive, die unlösbar mit dem nachexilischen Jerusalem verknüpft ist.[57] Mi 7,1–7 lässt keinen Zweifel daran, dass Jerusalem aus eigener Kraft mit sich und seinem Gott nicht ins Reine kommt. Nicht nur die politische Struktur von Staatsdienern, Richtern und Großen ist so korrupt, dass kein redlicher Bürger mehr zu finden ist, sondern auch die Familien- und Freundschaftsbande sind völlig zerstört. Wenn es noch Zukunft gibt, dann einzig und allein durch JHWHs Erbarmen und Vergebung (Mi 7,18–20).

Zwischen den frühen und späten Michatexten liegen chronologisch gesehen die Armen-Belege des Jeremia- und daran anschließend die des Ezechielbuches. Zur Zeit Jeremias (ca. 626–587) hatte sich die wirtschaftliche Lage eines Großteils der judäischen Landbevölkerung dramatisch verschlechtert. Als die Babylonier begannen, Judäer ins Zweistromland zu deportieren, ließen sie die »Habenichtse« (ʾên-lāhem m^{e}ʾûmâ) in der Heimat zurück (Jer 39,10; 40,7; 52,15–16). Auch Jeremia kritisiert die sozialen Missstände seiner Zeit: »Fett sind sie geworden und feist: Ja, sie lassen das Maß des Bösen überlaufen und setzen sich über das Recht hinweg. Sie schaffen der Waise nicht Recht vor Gericht, und für die Sache der Armen treten sie nicht ein« (Jer 5,28). Er betont, erfolgreiche Regierungsarbeit wie die unter Joschija habe sich besonders an der Armenfürsorge zu messen (Jer 22,16).[58] Dass die Unterschicht (dallîm) JHWHs Weg und Recht nicht kennt, ist noch zu entschuldigen, nicht aber die Auflehnung der Elite gegen den göttlichen Willen (Jer 5,4–5). Das Schicksal Jeremias wird zum Vorbild für den armen Beter, was zur Siegesgewissheit führt: »Singt JHWH, preist JHWH, denn gerettet hat er das Leben des Armen (ʾeb̲yôn) aus der Gewalt der Übeltäter« (Jer 20,13). Die nachexilische Gemeinde der Armen und Bedrängten vergewissert sich in solchen Liedern (s.u. zur Armenfrömmigkeit im Psalter), dass JHWH gerade sie in aller Anfeindung und Not nicht im Stich lässt.

Im Ezechielbuch finden sich nur drei Belege, die explizit von den Armen sprechen und zwar fast immer in der geprägten Wendung »arm und bedürftig« (ʿānî w^{e}ʾeb̲yôn) (Ez 16,49; 18,12; 22,29).[59] Die sozialen Vergehen stehen zusammen mit kultischen Sünden, und Jerusalems Missachtung der Armen ist ebenso schlimm wie Sodoms Frevel (Ez 16,49). Gerade das Ezechielbuch betont die persönliche Verantwortung: Wer den Armen und Bedürftigen unterdrückt, andere beraubt, dem Schuldner das Pfand nicht zurückgibt, gegen Zins und Aufschlag Geld verleiht, wird nicht am Leben bleiben (Ez 18,12–13; positiv 18,16–17). Nach Ez 22,29 beuten die »Bürger des Landes« (ʿam hāʾāreṣ) die Armen aufs Übelste aus und bedrücken den »Fremden« (gēr) gegen jedes Recht.

Der letzte Armen-Beleg der frühnachexilischen Prophetie findet sich in Sach 7,9f., ein auf den 7. Dezember 518 v. Chr. datierter Kultbescheid.[60] Die Frage, ob es richtig sei, weiterhin noch Fasten- und Bußgottesdienste abzuhalten (vgl. Jes 58), wird so beantwortet: »Fällt zuverlässige Urteile und übt Gnade und Barmherzigkeit, ein jeder gegenüber seinem Bruder! Und bedrückt nicht die Witwe und die Waise, den Fremden und den Armen und Bosheit gegeneinander ersinnt nicht in eurem Herzen« (7,9b–10). Die Reihenfolge »Witwe-Waise« (ʾalmānâ-yāṯôm) kommt so nur noch im Bundesbuch (Ex 22,21) vor. Der »Arme« (ʿānî) steht hier auf einer Ebene mit den *personae miserae*, er ist zum sozial Schwachen schlechthin geworden, mit dem man keine Kreditgeschäfte mehr machen kann (Ex 22,24). Erneut wird deutlich, dass die Schutzbestimmungen des Pentateuch die Unterschicht nicht vor dem Absturz in die völlige Armut haben bewahren können.

Eine neue Entwicklung zeichnet sich mit Zef 2,3 ab: Die Armen werden hier zu einer Gruppe, die sich bewusst für soziales und ethisches Verhalten entscheidet: »Sucht JHWH, alle Gebeugten (ʿanāwîm) des Landes, die seinen Rechtswillen tun! Sucht Gerechtigkeit, sucht Demut (ʿanāwâ), vielleicht bleibt ihr geborgen am Tag des Zornes JHWHs«. Als Aufforderung an die »Gebeugten des Landes« (vgl. Am 8,4; Jes 11,4; Ps 76,10) ist diese Aussage völlig singulär im Ersten/Alten Testament, will man nicht annehmen, der ursprüngliche Text habe gelautet: »Sucht JHWH *wie* alle Demütigen des Landes ...«.[61] Der Sinn wäre dann, die wohlhabende Elite solle sich – bevor es zu spät ist – an den Armen ein Beispiel nehmen und ihre Selbstsicherheit aufgeben. Der massoretische Text, gestützt durch die LXX (pantes tapeinoi gēs), ist aber nicht zu beanstanden und so zu verstehen: »Erfahrene Demütigung läßt nach Gerechtigkeit schreien. Die Gedemütigten sollen sie so suchen, daß sie am Recht Gottes festhalten und also nicht die Demütiger kopieren«.[62]

In die Richtung einer am Gottesrecht orientierten Demut, die nicht aus Schwäche, sondern aus einer Position der Stärke agiert, weist auch die Vorstellung vom armen messianischen König in Sach 9,9f., den die Tochter Zion jubelnd begrüßen soll: »›gerecht‹ (ṣaddîq) und ein ›Geretteter‹ (nôšāʿ) ist er, ›arm‹ (ʿānî), auf einem Esel reitend, dem Jungen einer Eselin«. Dass dieser König ein von JHWH »Geretteter« (Nifal Partizip von yšʿ »retten«) sein soll, war den griechischen Übersetzern unverständlich bzw. unerträglich und so machten sie aus ihm einen »Rettenden« (sǭzōn), dem auch die Vulgata mit »salvator« folgt. Dieser endzeitliche König (Mt 21,5; Joh 12,15) ist nicht gerecht, weil er das Recht durchsetzt (vgl. Jes 11,4; Jer 23,5; Ps 72,2.4.12–14), sondern weil er durch JHWHs Rettung als gerecht ausgewiesen ist. Seine Armut lässt sich nicht auf die Demut als Geisteshaltung beschränken, sondern steht im Zusammenhang seiner Sendung: Er kann auf einem Esel reiten, weil JHWH die Streitwagen aus Ephraim, die Kampfrosse aus Jerusalem und die Kriegsbogen vernichten wird. Wenn das geschehen ist, wird dieser arme und gerettete König den Völkern Frieden verkünden und seine Herrschaft wird alle Länder umfassen.

b) Arm und reich im Buch Jesaja

Die Armen-Belege im Buch Jesaja sind von besonderem Gewicht, weil sie zum einen viel zahlreicher sind als in den etwa gleich großen prophetischen Schriften Jeremia und Ezechiel, zum anderen weil sie über die gesamten 66 Kapitel verstreut sind, was auf eine buchinterne theologische Entwicklung hindeutet.[63]

α) *Die Belege in Jes 1–39*

Das Jesajabuch entwickelt eine Armentheologie, die mit der des Psalters zu vergleichen ist: Die Armen sind Volk Gottes (Jes 3,14–15) und werden an den Zion gebracht, wo sie Ruhe und Sicherheit finden (Jes 14,30.32; vgl. 29,17–24; 32,6b–7).[64] Ausgangspunkt dieser auf Jerusalem und Zion konzentrierten Armentheologie ist die Verkündigung Jesajas in der zweiten Hälfte des 8. Jh.s; als prominente Persönlichkeit steht er in einer besonderen Beziehung zur judäischen Hauptstadt. Mit rhetorischer Finesse und beißender Ironie klagt er die kultischen und sozialen Vergehen von Führerschaft und Bevölkerung an. Dabei böten nur die Sorge für das Recht und die Hilfe für die Unterdrückten, Waisen und Witwen einen Ausweg aus der drohenden Katastrophe (1,10–17). Die einst so treue Stadt, in der die Gerechtigkeit wohnte, wurde zur Domäne von Mördern und Dieben, in der das Recht der Waisen und Witwen nichts gilt (1,21–26). Zukunft jedoch werde es nur auf der Grundlage einer wiedererlangten Rechtsstaatlichkeit geben (1,27), womit ein speziell nachexilisches Thema angeschnitten ist.
Für Jesaja bringt das Haus Israel als Gottes umsorgter Weinberg keine süßen Trauben, sondern nur saure Beeren; anstelle von gelebter Gerechtigkeit erntet JHWH nur den Hilfeschrei des Unterdrückten (5,1–7). »Die Unheilsankündigung entwickelt sich im Licht der Geschichte zur Enthüllung von JHWHs tiefer Enttäuschung: Seine Fürsorge für Israel hat kein gerechtes Zusammenleben zustande gebracht. So fällt JHWHs Anklage mit dem Hilfegeschrei der Unterdrückten zusammen«.[65] Die größte Schuld lastet auf der Elite des Landes: Hochmut, Zinstreiberei, Ausplünderung des Volksvermögens, so lautet die Anklage: »Was ist mit euch! Ihr zerschlagt mein Volk, und das Gesicht der Armen zermalmt ihr« (3,15). Die Unterdrückten sind nicht nur ein Teil des Gottesvolkes, sondern *sie* sind sein Volk! Die sieben Weherufe in 5,8–24 und 10,1–4 führen näherhin aus, warum Gottes Weinberg keine guten Früchte bringt: Großinvestoren reihen Haus an Haus, Grundstück an Grundstück, bis sie allein im Lande wohnen (5,8). Unterstützt werden sie durch eine korrupte Justiz, die den Frevlern Recht und den Gerechten Unrecht zuspricht (5,22–23). Nicht nur die Rechtsprechung, sondern auch die Gesetzgebung wird von den Mächtigen kontrol-

liert, »um die Schwachen/Machtlosen (dallîm) aus dem Gericht zu drängen und die Armen/Elenden (ᶜᵃnîîm) meines Volks um das Recht zu bringen, damit die Witwen ihre Beute werden und sie die Waisen berauben« (10,2). Wie Amos und Micha, so klagt auch Jesaja diese Form der Machtverfilzung an, die die Unschuldigen um ihr Recht bringt.

Unter dem messianischen Herrscher der Heilszeit wird es solche Missstände nicht geben, denn er hat gelernt, zwischen Gut und Böse zu unterscheiden (7,15–16) und sein Thron ist durch Recht und Gerechtigkeit gestützt (9,6). Er wird seinen Amtspflichten nachkommen, den Schwachen und Elenden zu ihrem Recht verhelfen, die Frevler aber bestrafen (11,4–5). Dass der Titel »König« (melek̲) vermieden wird, muss als unterschwellige Kritik am davidischen Königtum verstanden werden, das über Jahrhunderte die Rechtspflege zuungunsten der Armen vernachlässigte. Die Friedensherrschaft des Immanuel, die sich erst nach dem Tod der Frevler durchsetzt (11,6–8), nimmt auf dem Zion Gestalt an (11,9; 65,25). Dies wird die Völker aufhorchen lassen (11,10; vgl. 2,2–4): »Wenn auf dem Zion die Unterdrückten und Armen endlich zu ihrem Lebensrecht kommen, bricht an diesem Ort der Schöpfung die Gottesherrschaft an. Dieser Ort lohnt dann wirklich, daß die Völker sich dort kundig machen«.[66]

Dass die Armen auf dem Zion in Sicherheit wohnen werden, künden die nachexilischen Zusätze in Jes 14,30.32 an: die »Ärmsten der Armen« (bᵉk̲ôrê d̲allîm, wörtlich »die Erstgeborenen der Schwachen«) finden einen Weideplatz und die Elenden (ʾeb̲yōnîm) lagern dort ungestört. Diese Einschreibung in das ursprüngliche Wort gegen Philistäa besitzt einen konkreten sozialgeschichtlichen Hintergrund, denn jener Landstrich am Mittelmeer war für seinen Sklavenhandel bekannt. Hat JHWH den Zion fest gegründet, so dass die Elenden seines Volkes dort Zuflucht finden, dann brauchen diese keine Angst mehr zu haben, auf den Sklavenmärkten der Küste verkauft zu werden.[67] Eine enge Parallele zum Bild Zions als sicheren Ort für die Armen und Bedrängten bietet Zef 3,12: »Ich werde übrig lassen in deiner Mitte ein Volk, arm und schwach (ᶜānî wād̲āl), und sie werden Zuflucht finden im Namen JHWHs«. In der Heilszeit werden sich die »Erniedrigten« (ᶜᵃnawîm) wieder in JHWH freuen und die »Ärmsten der Menschen« (ʾeb̲yônê ʾād̲ām) im Heiligen Israels, denn mit dem Unterdrücker hat es ein Ende und die Unheilsplaner und Rechtsverdreher sind verschwunden (Jes 29,19–21; vgl. 32,6–7). Die Freude über die Befreiung, die nach dem Deuteronomium in den gemeinsamen Festen des ganzen Volkes gefeiert werden soll, ist im Buch Jesaja auf die begrenzt, die bislang unter dem Regime der Mächtigen zu leiden hatten.

In der sogenannten Jesaja-Apokalypse (Jes 24–27) wird die Freude über das Ende der Bösen und Gewalttäter auf Weltebene gefeiert: Endlich tritt JHWH seine Königsherrschaft auf dem Berg Zion und in Jerusalem an (24,23). Anders als die Mächtigen der Völker, die seine Herrschaft anerkennen müssen, ist JHWH der Weltenkönig, der dem Schwachen (d̲al) und Bedürftigen (ʾeb̲yôn) Zuflucht gewährt (25,3–4). Waren zum Bundesmahl auf dem Berg Sinai nur Mose, Aaron und die siebzig Ältesten Israels zugelassen (Ex 24,9ff.), so sind zum königlichen Festbankett auf dem Zion alle Völker, d.h. alle Gerechten dieser Welt, eingeladen. Ihnen, die so viel Unrecht ertragen mussten, wischt JHWH die Tränen von den Gesichtern – was für ein König (Jes 25,6–8)! Jetzt entlädt sich die tiefe Wut über das wehrlos erlittene Unrecht. Nachdem JHWH die hoch aufragende Stadt und ihre Bewohner, Symbol aller Hybris und Menschenverachtung, in den Staub gestoßen hat, wird sie unter den Füßen der Elenden (ʿānî), unter den Tritten der Schwachen (dallîm) zertreten (26,6). Nur an dieser Stelle im AT sind die Armen nicht nur Nutznießer des göttlichen Schutzes, sondern an der Beseitigung der Unrechtsstrukturen in der Endzeit aktiv beteiligt.

β) *Die Belege in Jes 40–55*

Die Armenbelege im zweiten Großteil des Buches Jesaja sind zwar nicht zahlreich, aber doch von großer Bedeutung. Hier sind die Armen nicht mehr eine Teilmenge Israels, sondern das gesamte Volk ist im Exil »arm« geworden. Die scharfe Trennung zwischen Ausbeutern und Ausgebeuteten, Mächtigen und Schwachen, die Jes 1–39 kennzeichnete, findet sich in diesen Kapiteln nicht (erneut anders in Jes 56–66). Die Deportationen haben ganz Israel ins Elend gestürzt und JHWHs Erbarmen gilt allen: »Die Elenden und Armen (hāʿᵃnîîm wᵉhāʾeḇyônîm) suchen Wasser, aber es gibt keines, ihre Zunge vertrocknet vor Durst. Ich, JHWH, ich erhöre sie, ich, Israels Gott, verlasse sie nicht« (41,17).[68] Welche Nöte sein armes Volk auch zu ertragen hat, JHWH wird sich als Retter der Elenden erweisen. Am Schluss des ersten Teils von Jes 40–48 wird auf die Zeit des Elends zurückgeblickt, bevor die Heimkehr aus Babel (48,20–21) in Sicht kommt: »Siehe, ich habe dich geschmolzen, aber nicht zu Silber, dich erwählt im ›Ofen des Elends‹ (bᵉḵûr ʿōnî)« (48,10). Unter Rückgriff auf das Sklavenhaus Ägypten, das auch »Eisen[schmelz]ofen« heißt (Dtn 4,20; 1 Kön 8,51; Jer 11,4), wird das babylonische Exil als »Ofen des Elends« bezeichnet, in dem JHWH sein Volk »erwählt hat« (ḇāḥar).[69] Nicht die Not an sich zeichnet die Erwählten aus (vgl. die Erwählung des Knechts Jakob/Israel: Jes 41,8.9; 43,10; 44,1.2), sondern die Tatsache, dass sie trotz ihres Elends nicht an Gott irre geworden sind! Nicht mehr Feinde und Ausbeuter bedrängen die Elenden des Exils, sondern Skepsis und Zweifel, ob es für sie noch eine Zukunft mit JHWH geben werde. Der Arme wird zusehends derjenige, der sich trotz der exilisch-nachexilischen Not nicht vom Vertrauen auf JHWH abbringen lässt.

Gleich zu Beginn des zweiten Teils dieser Kapitel (Jes 49–55) wird betont, dass Gott solches Vertrauen nicht enttäuscht: »Jubelt, ihr Himmel, jauchze, o Erde, freut euch, ihr Berge! Denn JHWH hat sein Volk getröstet und sich seiner Elenden (ʿᵃnîîm) erbarmt« (49,13).[70] Doch auch hier ist noch viel Überzeugungsarbeit zu leisten, wie Zions skeptischer Einwand beweist: »JHWH hat mich verlassen, der Herr hat mich vergessen« (49,14). Wie Zion muss sich auch der arme Beter in seiner Not erst wieder zu Gott durchringen, wie dies so oft in den individuellen Klage- und Bittpsalmen der Fall ist. Nicht von ungefähr stehen sie häufig im direkten Zusammenhang mit Zion, dem Ort der rettenden Gegenwart JHWHs.[71]

Als Stadt und Braut JHWHs wird Zion in 51,21 und 54,11 als elende, gedemütigte Frau personifiziert, die nach Zerstörung und Deportation ihrer Kinder erst wieder lernen muss, auf ihren Gott zu bauen. Sie soll sich nicht im Gram verschließen, sondern sich auf sein Kommen vorbereiten: »Darum höre doch dies, du ›Gedemütigte‹ (^{ca}nîâ)« (51,21). Das Motiv der Leidensfrau Zion hat im Buch Jesaja sein Pendant im Leiden des Gottesknechts und innerbiblisch im Buch der Klagelieder.[72] In Jes 54,11 ist das Bild der elenden Frau Zion noch verstärkt, die JHWH erneut für sich zu gewinnen sucht: »Du Gedemütigte, Sturmzerzauste, Nichtgetröstete«. Die kostbaren Edelsteine, mit denen Gott sie wieder aufbaut, sind ihre Kinder. Zion wird in Gerechtigkeit gegründet sein, weit entfernt von jeder Not (54,11–14). Ihre Söhne werden »Knechte JHWHs« (^{c}aḇḏê yhwh) genannt, Nachkommen der Leidensfrau Zion und des leidenden Gottesknechts (53,10).[73] Er ist ein von Gott Geschlagener und »Gedemütigter« (m^{ec}unneh [53,4]; na^{ca}neh [53,7]). Im letzten Teil des Buches Jesaja (Jes 56–66) werden die »Knechte JHWHs«[74] eine wichtige Rolle spielen; ihre Herkunft aus Not und Elend zeichnet auch sie aus.

γ) *Die Belege in Jes 56–66*

Wie im Buch Micha kehrt auch im Jesajabuch nach den großartigen Heilsankündigungen (Mi 4–5; Jes 40–55) die prophetische Sozialkritik zurück (Mi 6–7; Jes 56–66). So setzt Jes 56 mit der Aufforderung ein, Recht zu wahren, für Gerechtigkeit zu sorgen, den Sabbat zu halten und jede böse Tat zu vermeiden; erst dann könnten JHWHs Heil und seine Gerechtigkeit kommen (56,1–8).[75] Die Heilsverzögerung ist demnach nicht Gott anzulasten, sondern geht auf das Konto der nachexilischen Gemeinde. Das Heilsgemälde von Jes 60–62 in der Mitte der Kapitel 56–66, das Zions strahlende Zukunft beschreibt, wird von prophetischen Anklagen umgeben. Die Aussageabsicht ist gegenüber dem Buch Micha noch klarer zu erkennen: Israels Heilszukunft hängt besonders von seinem Sozialverhalten *post exilium* ab. Damit ist es aber schlecht bestellt (Jes 56,9–59,21), denn Israels Wächter sind stumme Hunde, die anstelle ihres Auftrags, die Schafe zu schützen, gierig die Herde zerreißen. Jeder missbraucht sein Amt, um so viel Profit wie möglich herauszuschlagen (56,9–12). Wie vor dem Exil bleiben die Gerechten erneut auf der Strecke. Die theologische Idylle eines im Ofen des Elends geläuterten Volkes, einer durch die gemeinsam überstandene Not gebildeten Solidargemeinschaft, zerbricht an den gesellschaftlichen Fakten in der persischen Provinz Jehud. Dem Religionspluralismus der Achämeniden, der anscheinend auch in Jerusalem seine Folgen zeitigte (57,3–13; 65,1–7; 66,3–4) steht eine Steuerpolitik zur Seite, die die Verwaltungsgebiete erfolgreich ausbeutet. Um diesen Wirtschaftsimperialismus funktionstüchtig zu halten, werden die Eliten der eroberten Völker an der Wertabschöpfung

beteiligt, was die soziale Zerklüftung in der Provinz Jehud noch verstärkt. So bezeugen viele Schriften aus der Spätzeit des Alten/Ersten Testaments einen sich verschärfenden Gegensatz zwischen Frevlern und Gerechten, der neben Jes 56–66 auch in vielen Psalmen, in Ijob 24 und Neh 5 anzutreffen ist.[76] Der soziale Zerfall, der seit dem 8. Jh. v. Chr. stetig zugenommen hatte und durch die Exilierung der Oberschicht ins Zweistromland zeitweise ausgesetzt war, erreichte im nachexilischen Israel der Perserzeit skandalöse Ausmaße.[77] Dies führte dazu, dass Nehemia eine Sozialreform im gesellschaftlich auseinanderbrechenden Jehud mit der Hauptstadt Jerusalem durchführen musste (vgl. die Reform Solons in Athen). Die Klagen der einfachen Leute über die Ausbeutung durch die eigenen Glaubens- und Volksgenossen, Profiteure des persischen Steuersystems, wurden immer lauter, besonders dann, wenn schlechte Erntejahre überstanden werden mussten: »Wir müssen unsere Felder und unsere Weinberge und unsere Häuser verpfänden, damit wir Getreide bekommen in der Hungersnot … Wir mussten Geld leihen für die Steuer des Königs, auf unsere Felder und Weinberge … Wir müssen unsere Söhne und unsere Töchter zu Sklaven erniedrigen! Und manche von unseren Töchtern sind bereits erniedrigt worden, und wir haben nichts dagegen in der Hand, und unsere Felder und unsere Weinberge gehören anderen!« (Neh 5,3–5). Es geht hier weder um ein Notstandsprotokoll eines bestimmten Jahres noch um die generelle Verdammung der persischen Herrschaft über die Provinz Jehud, sondern um die charakteristische Schwächung des gesellschaftlichen Zusammenhalts: »Die Wirtschaft der Provinz Juda war anfällig für Naturkatastrophen und politische Erschütterungen. Sie konnte keine großen Überschüsse produzieren, keine ausgedehnte Vorratswirtschaft betreiben. Und der Druck des persischen Steuersystems, zu dem dann noch die innerjudäische Tempelsteuer kam, mag zeitweise die Menschen zur Verzweiflung getrieben haben«.[78] Die Verarmung großer Teile der judäischen Bevölkerung setzte bereits in frühnachexilischer Zeit ein, wie Jes 58 zeigt. Im Zuge von Klagefeiern über die Zerstörung von Stadt und Tempel werden in Jerusalem auch Fastengottesdienste zur Buße und Bekehrung abgehalten (vgl. Sach 7; Mal 3,14), was die Teilnehmer aber nicht daran hindert, weiter ihren Geschäften nachzugehen und mit roher Gewalt zuzuschlagen. In einem Gotteswort wird ein solcher Kult, losgelöst von jeder sozialen Verantwortung, verurteilt: »Ist nicht dies ein Fasten, wie ich es will: Ungerechte Fesseln öffnen, die Stricke der Jochstange lösen und Misshandelte freilassen und dass ihr jedes Joch zerbrecht? Bedeutet es nicht, dem Hungrigen dein Brot zu brechen und dass du ›Arme‹ (ʿanîîm), Obdachlose (merûḏîm) ins Haus bringst? Wenn du einen Nackten siehst, dann bedeck ihn, und deinen Brüdern sollst du dich nicht entziehen!« (Jes 58,6–7). Nur wer dem Armen in der Not hilft, kann selbst auf Gottes Hilfe hoffen – alles andere ist Selbstbetrug!
Zur Befreiung von Gefangenen und Schuldsklaven sieht sich auch die prophetische Gestalt in Jes 61,1–3 berufen, mit der nicht etwa »Tritojesaja« gemeint ist, sondern hinter der sich Zion als Geistträgerin verbirgt.[79] Als sol-

che tut sie den ›Elenden‹ (ʿ^{a}nāwîm) als Nutznießern der anbrechenden Heilszeit die Befreiung kund. Das Heil, das in Jes 60 und 62 ganz Zion und Jerusalem galt, konzentriert sich hier auf die Gefangenen und Gefesselten, d.h. auf diejenigen, die in nachexilisch-persischer Zeit in die Schuldenfalle und in Schuldknechtschaft geraten sind: Ihnen ist »Befreiung« (d^{e}rôr) verheißen (vgl. Lev 25,10). Negativ gewendet heißt das: Die Befreiung durch JHWH aus der babylonischen Gefangenschaft (42,7; 49,9) wird verraten, wenn nachexilisch die wirtschaftliche Knechtschaft die politische Gefangenschaft ablöst. Gottes Heil gelangt nicht an der sozialen Gerechtigkeit vorbei an ihr Ziel. Dies ist auch die Botschaft des Lukas, wenn er Jesus in seiner Antrittsrede die Worte aus Jes 61,1f. und 58,6 (!) in den Mund legt (Lk 4,18f.).[80] Lukas aber lässt den Zionsbezug von Jes 61,3 aus: Dort ist von den »Trauernden Zions« (ʾ^{a}ḇēlê ṣîôn) die Rede, die den Ehrentitel »Eichen der Gerechtigkeit« und »JHWHs Pflanzung zur Verherrlichung« bekommen. Mit solchen Prachtbäumen, d.h. mit den aus Armut und Not erretteten Menschen, schmückt JHWH das Gelände Zions: Aus ihrer Wüste wird so der »Paradiesgarten« Gottes (ʿēḏen) (Jes 51,3)![81]
Die Kritik an Fastengottesdiensten ohne soziale Verantwortung wird in Jes 66,1–2 um eine Rüge an nachexilischen Tempelbauaktivitäten ergänzt, insofern diese den Blick auf die Armen verstellen. Die Restauratoren des Jerusalemer Heiligtums sollten nicht glauben, sie könnten in den Bereich der Kreativität JHWHs eingreifen. Wie alle Wirklichkeit liegt auch der Tempel ganz in Gottes Hand. Obwohl bzw. gerade weil er in höchster Höhe wohnt, schaut er »... auf den Elenden (ʿānî) und den, der zerschlagenen Geistes ist und der zittert vor meinem Wort« (Jes 66,2; vgl. 57,15). In dieser Aussage mischen sich wirtschaftliche und geistige Aspekte: Die vor dem Gotteswort »Zitternden« (ḥ^{a}rēḏîm) (Jes 66,2.5: nur noch Esra 9,4; 10,3; [die Quäker haben hier ihren Namen her]) sind JHWH-Gläubige, die verfolgt und vom offiziellen Kult ausgeschlossen sind. Sie verstehen sich als Kinder der Mutter Zion, die sie wunderbar geboren hat und die sich satt trinken können an der Brust ihres Trostes (Jes 66,7–11). Zum Ende des Buches werden sie erneut JHWHs Knechte genannt (Jes 66,14; vgl. 65,13–16), Nachkommen der gedemütigten Frau Zion und des leidenden Gottesknechts. Die Armentheologie des Buches Jesaja zeichnet sich – ebenso wie die des Psalters – durch einen starken gruppenspezifischen Charakter aus. So ist es kein Zufall, dass sich sowohl die Jesus-Bewegung als auch die Qumran-Essener besonders dieser Texte bedienen.[82]

D. Arm und reich in der Weisheitsliteratur

Die Weisheitsliteratur Israels ist zu vielschichtig, als dass eine einheitliche Programmatik zum Thema arm und reich erkennbar wäre. Dem weisheitlichen Denkansatz ihrer Umwelt folgend, versucht auch Israels Weisheit, die gesammelten Einzelbeobachtungen auf eine die Gesellschaft und den Kosmos durchwaltende Ordnung zurückzuführen. Dabei beruft sie sich nicht auf eine göttliche Offenbarung der Weltzusammenhänge, sondern stützt sich auf die Kraft der empirischen Beobachtung.

Das Thema arm und reich behandeln besonders die beiden ältesten, vorexilischen Spruchsammlungen in Spr 10–22,16 und 25–29.[83] Sie gehen von einer bäuerlichen Gesellschaft aus, in der jeder hart arbeiten muss, um nicht unter die Armutsgrenze zu fallen. So ist auch die ständige Warnung vor dem Nichtstun verständlich (10,4.5; 12,24; 13,4; 15,19; 19,15; 20,4.13; 21,25): »Greift der ›Faule‹ (ʿāṣēl) mit der Hand in die Schüssel, bringt er sie nicht einmal zum Mund zurück« (19,24; vgl. 22,13; 26,13–16). Gefährlich ist auch der Luxus, den man sich eigentlich nicht leisten kann (21,17; 28,19). Das Motto der Weisheitslehrer lautet: Man muss nicht reich sein, aber es soll doch immer reichen! Das Leben der Kleinbauern und Handwerker gilt als äußerst anfällig und die Launen der Großen sind unberechenbar: »Wie das Knurren des Löwen ist der Zorn des Königs, doch wie Tau auf dem Gras ist seine Gunst« (19,12; vgl. 20,2). Der König ist Garant von Recht und Ordnung (16,10–15; 20,8; 20,28), doch wehe dem armen Volk, das einen frevlerischen Herrscher ertragen muss (28,15; vgl. 25,5).

Die Fallen der Frevler lauern überall und vor falscher Waage muss man immer auf der Hut sein (11,1; 16,11). Wer »arm« und »mittellos« ist (rāš), ist sogar von den Armen verachtet (14,20); nur bittend darf er sich den Reichen nähern und muss ihre Grobheit ertragen (18,23; vgl. 22,7). Nirgends wird auch nur angedeutet, Armut sei wünschenswert. Aber falls Reichtum nur durch ungerechtes Tun zu erreichen ist, soll gelten: »Besser wenig und gerecht als viel Besitz und Unrecht« (16,8). Die »Besser-als-Sprüche« (15,16.17; 17,1) ziehen ein gutes Gewissen bei Wenigem dem Überfluss eines sorgenvollen bzw. frevlerischen Reichtums vor (28,6). Der »Reiche« (ʿāšîr) ist zwar nicht per se verurteilt, doch fällt seine Beschreibung häufig negativ aus. Bis auf eine Ausnahme (18,11) steht ihm immer der Arme gegenüber. Der Reiche ist sich seiner Sache sicher (10,15; 18,11; 28,11), lebt umgeben von wahren oder vermeintlichen Freunden (14,20), ist grob dem Armen gegenüber (18,23), über den er Macht hat (22,7).

An keiner einzigen Stelle wird dem Reichen eine Tugend nachgesagt. Im Gegenteil: Er wird als unsympathisch geschildert, als überheblich, grob und herzlos. Die Verpflichtung zur Hilfe gilt jedoch für alle, nicht nur für die Reichen (14,21; 22,9; 28,27). Wer aber den Schwachen bedrückt, schmäht dessen Schöpfer (14,31). Reichtum, ehrlich erworben und sozialverträglich gebraucht, wird in den Sprüchen nicht abgelehnt. Doch besteht die Gefahr, auf Besitz und nicht auf JHWH zu vertrauen (11,28; 28,25f.; 29,25; vgl. 16,20).

Die weisheitliche Lehrrede in Spr 1–9 stammt aus dem städtischen Milieu der Oberschicht: Bei der Erziehung der Jugend stehen Redlichkeit, Besonnenheit, Einsicht und vor allem die Gottesfurcht hoch im Kurs (1,7; 9,10). Das Thema von arm und reich ist dagegen unterbelichtet. Nur sporadisch wird zur Hilfeleistung geraten (3,27), aber vor Bürgschaften wird eindringlich gewarnt, ebenso vor Faulheit, die direkt in die Armut führt (6,1–5.6–11).

In der Sammlung von Spr 22,17–24,22, die z.T. eine Übersetzung der ägyptischen Lehre des Amenemope ist, begegnet das Thema zweimal: in den Mahnungen, die Grenzsteine der Waisen nicht zu verrücken (23,10), und den Schwachen nicht zu berauben bzw. den Armen im Tor nicht zu zertreten (22,22), denn JHWH sei ihr Anwalt (22,23; 23,11).

Es gehört zu den Aufgaben des idealen Königs (Spr 31,1–9), das Recht der Schwachen und Armen zu schützen. Er selbst soll sich vor Trunkenheit hüten, aber denen Alkohol geben, die am Boden liegen und deren Herz verbittert ist, damit sie ihre Armut vergessen: gegenüber den Sozialprogrammen des Pentateuch eine eigenartige Art der Armutsbekämpfung! Auch zu den Pflichten der tüchtigen Hausfrau gehört es, den Bedürftigen zu helfen (31,20). Dies rundet das Bild der erfolgreichen Geschäftsfrau ab, die dem erfolgreichen Ehemann, der auf der politischen Bühne aktiv ist, zur Seite steht (31,10–31).

Bei all ihren Überlegungen waren sich die Weisheitslehrer der Begrenztheit ihres Tuns sehr bewusst (vgl. Spr 30,18–19). Das größte, nicht nur in Israels Weisheit ungelöste Problem bestand im Missverhältnis zwischen Tun und Ergehen. Die Sicherheit, die das Prinzip von Ursache und Wirkung zu vermitteln suchte, wurde zusehends zweifelhafter: Ijob und Kohelet kämpfen mit diesem Problem. Die Zerdehnung des Tat-Folge-Zusammenhangs, d.h. die Vorstellung, der ungerechte Reiche werde zwar nicht sofort bestraft, wohl aber zu einem späteren Zeitpunkt (Spr 28,18), bot letztlich auch keine beruhigende Antwort. Eine andere Erklärungsstrategie wendet sich der Schöpfungstheologie zu:[84] »Reiche und Arme begegnen einander, doch JHWH hat sie alle erschaffen« (Spr 22,2; vgl. 29,13). Doch auch dies bringt die Frage nach der Gerechtigkeit Gottes, dem Schöpfer und Beherrscher aller chaotischen Mächte (Ijob 38–39), nicht zum Schweigen: Ijob, der sich nie dem Hilferuf der Armen entzog (Ijob 31), gerade ihn lässt JHWH schuldlos leiden. In Ijob 24 findet sich eine der dramatischsten Beschreibungen der Armut und seiner Folgen im spätnachexilischen Israel[85], die die theologische Frage nicht außen vor lässt: »In der Stadt hört man Menschen stöhnen, und Verletzte schreien um Hilfe, und Gott nimmt keinen Anstoß« (Ijob 24,12). Um der Aporie des unschuldigen Leidens zu entkommen, ist im Buch Kohelet die Frage des Ethos vom Gottesgedanken abgekoppelt.[86] Es ist nicht mehr JHWH, der den Tun-Ergehen-Zusammenhang garantiert, der dafür sorgt, dass der Gute belohnt und der Böse bestraft wird, sondern gelingendes Leben liegt außerhalb ethischer Gesetzmäßigkeit: »Es gibt Nichtiges, das auf Erden geschieht: Es gibt Gerechte, denen es ergeht, als hätten sie gehandelt wie Frevler, und es gibt Frevler, denen es ergeht, als hätten sie gehandelt wie Gerechte. Ich dachte: Auch dies ist nichtig. So pries ich die Freude: Es gibt für den Menschen nichts Gutes unter der Sonne außer zu essen und zu trinken und sich zu freuen« (Koh 8,14–15a). Durch das Genießen dessen, was ihm zur Verfügung steht, lernt der Mensch den Anteil des Glückes kennen, der ihm von Gott als freies Geschenk angeboten wird (Koh 3,12–13; 5,18). Nicht Reich-Sein bedeutet Glück, sondern der Genuss der guten Momente des flüchtigen Lebens: schmackhafter Wein, anständige Kleidung und Körperpflege, das Leben mit der Frau, die man liebt (Koh 9,7–9). Für all diejenigen, die diese Möglichkeiten aber nicht haben, sind Kohelets Worte weder Trost noch Hilfe. Seine Gesprächspartner kommen nicht aus der sozialen Unterschicht, sondern aus den höheren Schichten, denen er seine Lebensweisheit darbietet. Zwar kennt der Prediger die Problematik von arm und reich (3,16f.; 4,1–3), bleibt aber bei einer distanzierten Betrachtung stehen. Auf den ersten Blick sind seiner Ansicht nach ungerechte und korrupte Strukturen im ptolemäisch beherrschten Juda, unter denen besonders die Armen zu leiden haben, immer noch besser als anarchische Zustände, bei denen die Nahrungsmittelversorgung insgesamt in Gefahr käme (5,7–8). Möglicherweise ist dies aber gar nicht seine eigene Meinung, sondern »Kohelet kritisiert das bestehende Herrschaftssystem, indem er dessen Legitimationsparolen aufgreift und sie durch gezielten Einsatz von Doppeldeutigkeiten einer ironischen Kritik unterzieht«.[87]

Es kann aber kein Zweifel daran bestehen, dass sich Kohelets Anweisungen und Überlegungen viel stärker auf die Problematik des übermäßigen Strebens nach Reichtum als vermeintlicher Quelle des Glücks sowie auf seine ständige Gefährdung beziehen als auf Strategien zur Vermeidung oder gar Bekämpfung von Armut (5,9–6,9). Zumindest legt er seinen Zuhörern nahe, sich der Hilfeleistung nicht zu verschließen: »Wirf dein Brot auf die Oberfläche des Wassers, denn nach vielen Tagen kannst du es wieder finden« (11,1; vgl. Spr 22,9; Tob 4,8–11). Mit diesem Aufruf zur Mildtätigkeit steht Kohelet in der Tradition frühjüdischer Ethik, wenn auch ohne eine explizit religiöse Begründung.[88] Demgegenüber kehrt Jesus Sirach zu JHWH als Letztbegründung mitmenschlicher Solidarität zurück: »Mein Sohn, entzieh dem Armen nicht den Lebensunterhalt, und lass die Augen des Betrübten nicht vergebens warten … Sei den Waisen wie ein Vater und den Witwen wie ein Gatte! Dann wird Gott dich seinen Sohn nennen, er wird Erbarmen mit dir haben und dich vor dem Grab bewahren« (Sir 4,1.10). Wer daran zweifelt, dass JHWH Gutes belohnt und Böses bestraft, ist ein Narr (Sir 16,22–23). Auch finanzieller Einsatz ist für den in Not Geratenen gefordert, und wer dem Armen hilft, erfüllt die Gebote (29,1).[89] Gesundheit wird höher geschätzt als Reichtum (30,14–16) und ein Reicher, der sein Vermögen nicht genießen kann, ist wie ein Kastrat, der ein Mädchen freit

(30,20). Das Streben nach Geld kostet Kraft und zehrt an den Nerven, aber immerhin steht ein Genuss in Aussicht, etwas, was dem Armen trotz all seiner Mühen verwehrt bleibt (31,1–4). Die gesellschaftliche Schichtung ist auch für Sirach ein Faktum (40,3–4), das weder erklärt noch aufgehoben werden kann. Skandalös dagegen ist die Durchbrechung der Ordnung, wenn z.B. ein Reicher arm wird (26,28) oder ein Armer hochmütig daherkommt (25,2). Die Grenze zwischen Herren und Knechten ist mit der Faust gezogen: »Futter, Stock und Last für den Esel, Brot, Schläge und Arbeit für den Sklaven« (33,25). Besitzt jemand nur einen einzigen Sklaven, ist mehr Rücksicht geboten, denn wenn dieser wegläuft, bleibt er verschwunden (33,31–33).[90] Sein Vermögen soll man nicht zu früh den Kindern überlassen, um danach keine bösen Überraschungen zu erleben (33,21–22). Ein großer Frevel ist es, wenn Gott ein Opfer vom Gut der Armen angeboten wird (34,24); dagegen spendet Dankopfer, wer Almosen gibt (35,4). Finanzielle Ratgeber gibt es viele, wenn es ums Mitverdienen geht; läuft es aber schlecht, schauen alle tatenlos zu, wie jemand verarmt (37,9; vgl. 40,24). Vor dem Reichtum des Frevlers braucht man sich nicht zu fürchten, denn er wird plötzlich versiegen (40,13–14); ganz anders steht es mit der Gottesfurcht, sie schützt vor jeder Not und bietet mehr Halt als Reichtum und Macht (40,25–26).

E. Arm und reich in den Psalmen

Das Thema nimmt im Psalter eine besondere Stellung ein, denn in keinem anderen Buch ist die Armenterminologie so stark vertreten wie hier.[91] Eine klare Trennung zwischen wirtschaftlicher und spiritueller Armut lässt sich nicht ziehen. Dies sollte aber nicht zur Unterstellung führen, die Psalmendichter hätten sich bloß das Mäntelchen geistiger Armut umgehangen, um sich gegenüber den nach Besitz Strebenden als demütig zu präsentieren.[92] Auch im Psalter bezeichnet die Armenterminologie die materiell Bedürftigen, wobei sich eine besondere Öffnung auf JHWH als deren Hirt und Beschützer ergibt. Daneben finden sich einige von weisheitlicher Theologie geprägte Psalmen, die Wohlstand für den Gottesfürchtigen in Aussicht stellen: Er werde im Glück wohnen, was materielle Güter einschließt (Ps 25,12–13), und lasse auch andere daran teilhaben: »Allzeit ist er barmherzig, zu leihen bereit, seine Nachkommen werden zum Segen« (37,26). Das Prinzip sozialer Verantwortung scheint auf und ist durch die Aufrechterhaltung des Tun-Ergehen-Zusammenhanges gestützt, ja sogar auf die Nachkommenschaft des Gerechten ausgedehnt.[93] Ps 112 bietet das Porträt des Gottesfürchtigen, der an den Geboten seine Freude hat (vgl. Ps 1): In seinem Haus sind »Wohlstand« (hôn) und »Reichtum« (ʿōšer) (112,3), er ist nicht egoistisch, sondern gütig, er leiht und schenkt reichlich den Armen (V 4–5.9).
Gegenüber diesen wenigen Stellen spricht ein Fünftel der Psalmen von den Armen[94], meist als Bitte oder Klage der Bedürftigen. Nicht für oder über die Armen wird im Psalter geredet, sondern sie selbst kommen zu Wort! Der Psalter ist nicht, wie man in der früheren Exegese dachte, das Gesangbuch des Jerusalemer Tempels in nachexilischer Zeit, sondern das Gebets- und Meditationsbuch der kleinen Leute.[95] In der Betrachtung dieser »kleinen Bibel«[96] trugen sie ihr Heiligtum immer bei sich und standen dabei in kritischer Distanz zur nachexilischen Tempelaristokratie. Wichtiger als Opfer war ihnen das Gotteslob, das so wirksam ist wie ein doppelschneidiges Schwert (Ps 149) und dem Lobpreis der ganzen Schöpfung den Weg bahnt (Ps 150).
Besonders in der ersten Teilgruppe (3–14) des ersten Davidpsalters (3–41) geht es um die vielfältigen Sorgen und Nöte der kleinen Leute. In den Bittgebeten der Pss 3–7 ist der Beter durch persönliche Feinde, Rechtsnot und Krankheit bedrängt. Die Pss 9–14 gehen über den privaten Bereich hinaus und handeln von strukturellen Bedrohungen, mit denen die Gruppe der JHWH-Treuen kämpft. Der alphabetische Psalm 9–10 ist der erste Armenpsalm und bietet viele der Armenbegriffe bis auf ḏal und rāš.[97] JHWH setzt sich als gerechter Richter für die ein, die von den »Völkern« (gôyim) bedrängt werden (9,6.16.20.21; 10,16). Dabei ist nicht an militärische Invasoren gedacht, sondern an die, die mit den fremdländischen Machthabern der nachexilischen Zeit kollaborieren und dabei gut verdienen (Neh 9,36f.).

Wenn JHWH vom Zion aus (Ps 9,12) seine gerechte Weltherrschaft antritt, dann werden die Armen, Zerschlagenen, Elenden, Schwachen und Waisen davon profitieren; er ist den Bedrückten eine Burg in Zeiten der Not (9,10), vergisst nicht den Notschrei der Armen (9,13.19). Gott selbst ist durch das freche Tun der Unterdrücker herausgefordert, denn sie brüsten sich, er kümmere sich nicht um die Armen. Diese aber rufen Gott vertrauensvoll an: »Doch du siehst Unheil und Kummer, blickst hin, nimmst es in deine Hand. Dir überlässt es der Wehrlose, dem Verwaisten bist du Helfer« (10,14). Als König sorgt er dafür, dass Waise und Bedrückte zu ihrem Recht kommen (10,16–18). Was vom messianischen König verlangt ist, und zwar dass er die Armen durch rechtes Urteil leite (Ps 72,2.4.12–14), gilt auch für JHWH. Herrschen dagegen Unrecht und Ausbeutung, ist seine Königsherrschaft in Gefahr; will er seinen Anspruch als Weltenkönig einlösen, muss er die Unterdrückten retten. Seine Macht erweist sich nicht in Eroberungen fremder Länder und Völker, sondern in der Rettung der Armen! JHWH nimmt die Herausforderung an und geht auf ihren Hilferuf ein (10,12): »Wegen der Unterdrückung der Elenden (ʿᵃnîîm) und des Seufzens der Bedürftigen (ʾeb̲yōnîm) stehe ich auf!« (12,6). Das prophetische Ethos der Option für die Armen (vgl. Am 2,6f.; 3,9f.; 5,7.10–12) ist deutlich vernehmbar. Das viermalige »wie lange?«, mit dem Ps 13 einsetzt, zeigt jedoch, dass die göttliche Rettung noch aussteht. In Ps 14 (par. Ps 53) kommt es zur Identifikation der Armen mit dem Volk Gottes, wenn es heißt: »Haben denn all die Übeltäter keine Einsicht? Sie verzehren mein Volk« (14,4a; vgl. Jes 3,14–15). Ausdrücklich ist festgehalten, dass JHWH auf der Seite der Gerechten steht und Zuflucht für die Armen ist (14,5–6), die vom Zion Hilfe erwarten (14,7). Wie im Buch Jesaja, so sind auch hier Zionstheologie und Armentheologie eng miteinander verbunden.

An das Stichwort »Zion« (9,12; 14,7) hängt sich die zweite Teilgruppe (Pss 15–24) des ersten Davidpsalters an, die durch eine doppelte Einzugsliturgie in Ps 15 und 24,3–5 gerahmt ist. Nur wer rechtschaffen lebt, wer sein Geld nicht auf Zins ausleiht, nicht gegen den Schuldlosen Bestechung annimmt (15,5), der darf im Zelt Gottes, d.h. im Tempel verweilen, darf auf dem heiligen Berg wohnen. Wie in den Einzugsliturgien von Ps 15 und 24, so steht auch in Ps 18 (par. 2 Sam 22) die Trennung von gerechtem und ungerechtem Verhalten im Vordergrund: »Ja, du hilfst dem elenden Volk, doch hochmütige Augen erniedrigst du« (18,28; vgl. 19,14; 1 Sam 2,7). Gott ist Leuchte und Schild für alle, die sich bei ihm bergen: »Wer ist Gott als allein JHWH und wer ein Fels außer unserem Gott« (18,32). Die nachexilische Gemeinde der Armen und Treuen hat sich hier in ein altes Siegeslied eingeschrieben, um sich als JHWHs königliches Volk zu präsentieren. Vorbild und Vorbeter ist David, den Saul verfolgte, JHWH aber aus aller Bedrängnis errettete (vgl. 18,1).

Auch in Ps 22,24–27 liegt eine armentheologische Erweiterung vor: Der aus Todesnot Gerettete wird zum Paradigma für die Gemeinde der Armen und Frommen. Der Beter fordert nicht nur sich selbst zum Gotteslob auf (V 23), sondern auch die Versammlung der Gottesfürchtigen (V 24): »Denn er hat nicht verachtet, nicht verabscheut ›das Elend des Elenden‹ (^{ce}nûṯ ^{c}ānî). Er hat sein Angesicht nicht vor ihm verborgen; er hat auf sein Schreien gehört« (V 25). Die Armen sollen essen und satt werden, die Gott Suchenden sollen ihn loben (V 27). Wenn im letzten Zusatz der V 28–32 vom Weltkönigtum JHWHs die Rede ist, so bedeutet das: Dort, wo Arme satt werden und sich freuen können, festigt sich die »Königsherrschaft« Gottes (m^{e}lûḵâ)!

Der anschließende Ps 23 zeigt, dass es sich beim von Gott gedeckten Tisch vor den Augen der Feinde nicht etwa um eine »Armenküche« handelt, sondern um ein festliches Bankett. Gegen alle Bedrohungen und jedes Zu-kurz-Kommen erweist sich JHWH als der einzig gute Hirt und Gastgeber in seinem Heiligtum (vgl. Jes 25,6): »Du salbst mein Haupt mit Öl, mein Becher ist übervoll« (Ps 23,5b).

Auch die dritte Teilgruppe des ersten Davidpsalters (Ps 25–34) ist durch die beiden alphabetischen Ps 25 und 34 armentheologisch ausgerichtet. Der Bitte des Elenden in 25,16 entspricht der Dank für die erfahrene Rettung in 34,7. In beiden Psalmen ist nicht nur vom Einzelnen die Rede, sondern von der Gruppe der armen Demütigen (^{ca}nāwîm) (25,9; 34,3), die allein auf JHWH vertrauen: Sie werden kein Gut entbehren müssen, aber die »Junglöwen« (k^{e}p̱îrîm) (LXX plousioi »die Reichen«) werden verarmen und hungern (34,11; vgl. 1 Sam 2,5.7.8; Lk 1,53).

Die vierte Teilgruppe (Ps 35–41) ist ebenfalls durch die Hände der nachexilischen Armenredaktion gegangen. Sie machte Ps 35 mit V 7–10.26–28 zu einem Armenpsalm, stellte Ps 37 in die Mitte der Komposition und beschloss sie durch Pss 40–41.[98] Der Beter von Ps 35 hat am eigenen Leibe erfahren, dass JHWH ein Gott der Armen ist, was ihn so unvergleichlich macht: »JHWH, wer ist wie du, der den Elenden rettet vor dem, der stärker ist als er, den Elenden und Armen vor dem, der ihn ausraubt?« (V 10); dort, wo solche Rettung geschieht, jubelt die Gemeinde (V 27f.).

Der sich zuspitzende Konflikt von Frommen und Frevlern im nachexilischen Israel dominiert die weisheitliche Lehre von Ps 37, wobei die Frage des Landbesitzes im Zentrum steht (V 9.11.18.22.27.29.34). Kontrafaktisch gibt der Beter von Ps 37 die Losung aus, er habe noch nie einen Gerechten verlassen und seine Kinder um Brot betteln sehen (V 25). Nicht solle sich der Fromme über den scheinbaren Erfolg der Frevler erhitzen, denn schon bald würden die Armen das Land besitzen und es in Fülle genießen (V 11). Doch weiterhin gilt die Mahnung: »Besser das Wenige, das der Gerechte hat, als der Überfluss vieler Frevler« (V 16; Spr 15,16; 16,8; Tob 12,8).

Die redaktionell verknüpften Armenpsalmen 40–41 bieten eine Zusammenfassung der Armentheologie des ersten Davidpsalters. Dem Endtext folgend, lesen sie sich in chiastischer Abfolge als Dank (40,2–11), Klage (40,12–18), Lehre (41,2–4), Klage (41,5–11), Dank (41,12–13.14) des armen und bedrängten Beters, der JHWH als Hilfe und Rettung erfuhr (Ps 40,14–18; par. Ps 70!). Dies soll andere motivieren, sich ebenfalls JHWH anzuvertrauen (40,5) und auf das durch ihn gewendete Schicksal des »Schwachen« zu achten (41,2).[99] Aber der Aspekt der aktiven Hilfe für die Bedürftigen wird dabei nicht ganz ausgeklammert sein. Wer »einsichtig gegenüber dem Schwachen ist« (maśkîl ʾel-dāl), den wird JHWH auch am Tage seines eigenen Unglücks retten.[100]

Im zweiten Davidpsalter (Ps 42–72) steht die Armenthematik gebündelt am Schluss der Sammlung. In Ps 69, einem der meist zitierten Psalmen im NT, klagt der Beter aus tiefer Todesnot: Schon steht ihm das Wasser bis zum Hals![101] Dieser Knecht Gottes (V 18) bezeichnet sich selbst als elend und als Mann voller Schmerzen (V 30). Sein Eifer für das Haus Gottes, unterstrichen durch Fasten und Buße im Zuge nachexilischer Klagegottesdienste (vgl. Sach 7; Jes 58), bringt ihm nur den Spott der eigenen Familie ein (V 9–13). Die Wohlhabenden geben ihm Gift zu essen und Essig zu trinken, während sie selbst an reich gedeckten Tischen schlemmen (V 22–23). Die Selbstbezeichnung des Beters als »elend« (ʿānî) ruft Gottes Hilfe auf den Plan (V 30), was ein Lobgelübde zur Folge hat (V 31–32). Darin betont der Beter, sein »Lied« (šîr) gelte vor Gott mehr als das Opfer eines »Stiers« (šôr). Auch hier ist die soziale Wirklichkeit mitzuhören, denn nur die Reichen konnten zum Opferkult einen Stier beisteuern, weshalb sie von der Priesterklasse am Jerusalemer Heiligtum gern gesehen waren! Darauf nimmt die armentheologische Ergänzung der V 33–34 Bezug: Es sind die »Gebeugten« (ʿᵃnāwîm), die sich sicher sind, dass JHWH ihre Lieder höher bewertet als teure Opfertiere. Denn er ist ein Gott, der die »Bedürftigen« (ʾeḇyōnîm) erhört und »seine Gefangenen« nicht verachtet (V 34; vgl. 22,27). Im Nachbarpsalm 70 stellt sich der Beter erneut als »elend und bedürftig« vor (ʿānî wᵉʾeḇyôn) (V 6), als jemand, der nur von JHWH Hilfe und Rettung erwarten kann. Durch die fehlende Überschrift lehnt sich Ps 71 eng an seinen Vorgänger an und orientiert sich besonders am Thema des Alters (Ps 71,9.17–18). So wird Ps 72, der Schlusspsalm des zweiten Buches (Ps 42–72), zum Testament des betagten Königs David für seinen Sohn Salomo (V 1) als Nachfolger auf dem Thron. Er bittet, Gott möge ihn befähigen, für Rechtssicherheit im Blick auf »deine Elenden« zu sorgen. Dass der König für den Schutz der Armen zuständig ist (72,2–4), gehört zum altorientalischen Herrscherspiegel, doch hier geht es um die Armen JHWHs! Anders als in 1 Kön 10 sind es nicht Salomos Weisheit und Reichtum, die die Königin von Saba staunen lassen (vgl. Ps 72,10), sondern ist es JHWHs Rettung für seine Armen und Gebeugten: »Er erbarmt sich des ›Schwachen‹ (ḏal) und ›Bedürftigen‹ (ʾeḇyôn), er rettet das Leben der ›Bedürftigen‹ (ʾeḇyōnîm). Von Unterdrückung und Gewalttat befreit er sie, ihr Blut ist in seinen Augen kostbar« (72,12–14). Solch einem königlichen Anwalt der Armen huldigen die Könige und bringen ihm Geschenke!

Das dritte Psalmbuch (Ps 73–89) ist mitgeprägt durch die Asaf- (Ps 73–83) und Korachpsalmen (Ps 84–89).[102] Liefen die zwei vorausgehenden Davidpsalter (3–41.42–72) auf das Testament Davids an Salomo hinaus, dessen Armenpflege seinem Thron ewigen Bestand verleihen sollte (72,17), so thematisiert das dritte Psalmenbuch die Katastrophe des Exils mit der Zerstörung Jerusalems und des Tempels (Ps 74; 79; 80).[103] Am Ende steht der Leser vor dem Scherbenhaufen der davidisch-salomonischen Monarchie (Ps 89,39–40).[104]

Nicht kultische Vergehen oder die Verehrung fremder Götter waren dafür verantwortlich, dass JHWH sein Volk preisgegeben hatte, sondern die Nichtbeachtung der Armen und Bedürftigen. Weil die Könige in der Armenpflege versagten, übernimmt JHWH das königliche Regiment über Israel *und* die Völker, mit sicherem Schutz für »alle Gebeugten der Erde« (Ps 76,10)! Die davidischen Könige waren nicht eingeschritten, als Prahler ihrem frevlerischen Luxus frönten: Vor Überfettung sehen diese kaum noch aus den Augen, ihr Kleid ist Gewalt, Hochmut ihr Halsschmuck (73,6–7). Gott achten sie nicht, das Volk hängt an ihren Lippen, immer im Glück häufen sie Reichtum auf Reichtum (73,8–12). Selbst der fromme Beter widersteht nur mit knapper Not der Versuchung, dem vermeintlichen Glück der reichen Frevler nachzulaufen und so das Geschlecht der Kinder Gottes zu verraten (V 13–15). Erst im Heiligtum begreift er, dass die begüterten Frevler plötzlich umkommen werden. In diesem Psalm belehrt, ermutigt und tröstet ein Dichter, wahrscheinlich ein Levit des 5./4. Jh.s v. Chr., seine Gemeinde, an Gottes Güte und Gerechtigkeit angesichts der prahlenden Reichen festzuhalten.[105]

In Ps 74 fällt der Tempel in die Hände der Feinde (V 3–7), was mehr als nur den Verlust des Kultortes mit sich bringt, denn es droht der Absturz in das kosmische Chaos. Dagegen steht Gott als Garant der Schöpfung (V 12–17), was auch den Schutz seiner Armen einschließt. Der Begriff »Elende« (ʿᵃnîîm), der in 74,19 das bedrängte Israel als Ganzes meint, wird in der armentheologischen Erweiterung der V 20–23 auf die Bedrängten innerhalb der Volksgemeinde reduziert. Gott darf den »Unterdrückten« (daḵ) nicht beschämt lassen, sondern »Elende und Arme« (ʿānî wᵉʾeḇyôn) sollen seinen Namen (wegen der erfahrenen Rettung) loben. Wenn Gott ihnen aber nicht zu Hilfe kommt, wird das Schmähen des »Toren« (nāḇāl) unerträglich sein (V 22; vgl. 73,8–12; 75,5–6). Vom Zion aus macht der Gott Israels jedem kriegerischen Treiben ein Ende, so dass selbst heldenhaften Kämpfern die Kräfte versagen (Ps 76,1–8). Von seiner himmlischen Wohnung aus erhebt er sich, um »alle Gebeugten der Erde« zu retten (Ps 76,10; vgl. 74,21–22).

Die Armenperspektive der Asafpsalmen, die auch in 79,8b eingestreut ist (»denn wir sind sehr schwach« [ḏallônû]), erreicht in Ps 82 ihren Höhepunkt: Nicht nur die Könige dieser Welt müssen Gott ihren Machtanspruch überlassen, weil er im Gegensatz zu ihnen für das Recht der Armen sorgt, sondern auch ihre »Götter« (ʾᵉlōhîm). Sie werden von ihm depotenziert und dem Tod unterworfen, weil sie die Frevler begünstigten und dem »Schwachen« (ḏal), der Waise, dem »Elenden« (ʿānî), wirtschaftlich »Armen« (rāš) und »Bedürftigen« (ʾeḇyôn) nicht zum Recht verhalfen.[106] Wer für das Recht der Armen nicht sorgt, kann weder König sein auf Erden, noch Gott im Himmel!

In der Mitte der Korachpsalmen von 84–85.87–88 steht ein Davidpsalm, der wohl für diese Stelle komponiert wurde.[107] Der Sehnsuchtsklage des Beters zum Tempel hin als Ort des Segens (Ps 84) entspricht in Ps 87 die Ausweitung der Heilsbedeutung Zions für alle Erdenbürger. Dieser positiven Stimmung steht als Kontrapunkt die verzweifelte Klage des vereinsamten Beters entgegen (Ps 88):[108] Steht der eine an der Schwelle des Tempels (84,11), so der andere am Abgrund des Todes (88,4.11); wandert der eine mit den Wallfahrern kraftvoll dem Heilsort entgegen (84,6–8), so geht der andere kraftlos und krank (88,5), von Freunden verlassen, ins Dunkel (88,16–19). Doch das Gebet Davids, des armen und gebeugten Knechtes (86,2–3), nimmt der Hoffnungslosigkeit von Ps 88 ihren Stachel, denn ihn hat JHWH aus den Tiefen des Totenreichs entrissen (86,13).

Nach dem Schluss des dritten Buches (Ps 73–89), der das Ende des politischen Königtums besiegelt (Ps 89), beginnt das vierte Buch (Ps 90–106) mit dem einzigen Mosepsalm. Wie in mosaischer Zeit, so befindet sich das Gottesvolk erneut in einer Wüstensituation. Hatte sich JHWH damals vor den Augen Ägyptens (Ex 14,18.25) als Retter erwiesen, so zeigt er sich in exilischer Zeit als König aller Völker. Dies kommt am Ende der »JHWH-König-Psalmen« (Ps 93–100) zum Höhepunkt: »Jauchzt JHWH, alle Länder der Erde! ... Erkennt: JHWH allein ist Gott [hûʾ ʾᵉlōhîm]« (100,1–3). Dabei ist der Ruf nach Gerechtigkeit noch nicht verstummt: JHWH soll als vergeltender Gott auftreten und die zur Rechenschaft ziehen, die sein Volk unterdrücken, Witwen, Fremde und Waisen ermorden (94,4–7). Inmitten des Festjubels stellt Ps 94 sicher, dass sich JHWHs Königtum nicht an den Nöten der kleinen Leute vorbei ereignen wird![109]

Dieses Thema wird in Ps 101–102 fortgesetzt: Die irdische Residenz des himmlischen Königs, die Stadt JHWHs (101,8), wird Morgen für Morgen von allen Frevlern gereinigt. Weil dies so ist, findet auch das »Gebet eines Elenden« (tᵉpillâ lᵉʿānî) Erhörung, der erschöpft vor JHWH seine Sorgen ausschüttet (102,1). In Ps 102 ist ein älterer Klagepsalm zionstheologisch ergänzt (V 14–23.29) und »deuterojesajanisch« gefärbt (bes. Jes 51).[110] Das Los der Armen und Zions Geschick sind untrennbar miteinander verknüpft: Zion als Stadt, Braut und Mutter musste erfahren, was es heißt, von JHWH verlassen zu sein, durfte aber auch erneut seine Zuneigung erleben (Jes 51,21ff.). Der Wiederaufbau Zions und die Erhörung der Verlassenen sind zwei Seiten einer Medaille (Ps 102,17–18)![111] Dass in diesem Kontext von JHWHs Knechten die Rede ist (Ps 102,15.29), hat sein Pendant im Schlussteil des Jesajabuches (Jes 56–66). Es zeichnet sich eine Gruppierung im nachexilischen Israel ab, die Armen- und Zionstheologie miteinander verbindet und JHWH als König über Israel *und* die Völker bekennt.[112]

Das Königtum JHWHs steht im Zentrum des fünften und letzten Psalmenbuchs (Ps 107–150): Knechte, Gottesfürchtige, Fromme profitieren von seiner Herrschaft[113] und die Armen sind sein Volk (147,6; 149,4; vgl. Jes 49,13).[114] Bereits zu Beginn gibt Ps 107 das Thema an: JHWH ist ein Gott, der sich aller Menschenkinder (V 8.15.21.31) annimmt, die sich in den unterschiedlichsten Nöten (Wüste, Gefangenschaft, Seefahrt) befinden. Weil

er die Bedürftigen aus dem Elend emporhebt, freuen sich die Redlichen (107,41–42).
Im Zentrum der drei Davidpsalmen (Ps 108–110) steht das Gebet des unschuldig Verfolgten: Dieser sogenannte Fluchpsalm, auch »psalmus iscarioticus« genannt (109,8b; Apg 1,20), wurde unter Papst Paul VI. aus dem Stundenbuch verbannt.[115] Dabei spiegeln die anstößigen Verse 6–19 gar nicht die Meinung des Beters wider, sondern zitieren seine hasserfüllten Gegner! Sie wollen ihn aus dem Amt drängen (V 8b), seine Familie wirtschaftlich ruinieren und gesellschaftlich isolieren. Verarmung wird hier als Waffe eingesetzt, um den politischen Gegner aus dem Weg zu räumen. Die Verleumdungskampagne, die auch die Gerichte beeinflusst, folgt einem infamen Plan: Um die öffentliche Meinung gegen den unschuldigen Amtsträger aufzuwiegeln, wirft man ihm vor, er habe sich nie um Solidarität gekümmert, ja, er habe sogar elende und bedürftige Menschen verfolgt und sei auf deren Tod aus gewesen (V 16). Die Strafe entspräche nur seinem eigenen Tun, denn er habe sich den Fluch der Armen, denen er jede Hilfe versagte, selbst zuzuschreiben und lebe nun fern von ihrem Segen, auf den er früher ja auch keinen Wert gelegt hatte (V 17–19; vgl. Dtn 15,9; 24,13.15). Im Hintergrund steht folgende Auffassung: »Die Armen sind so etwas wie die Nähe Gottes in der Welt. Wer ihnen treu ist, über den kommt Segen. Wer ihnen die Liebe versagt, über den kommt der Fluch. Ja, alles läuft noch konkreter. Der arme Mensch selbst flucht oder segnet. Nichts ist wirksamer, als der Fluch des Armen und der Segen des Armen«.[116] Die obigen Anschuldigungen sind zwar allesamt erlogen, aber die Schmutzkampagne zeigt bereits erste Wirkungen: Der Beter ist verarmt, Herzrhythmusstörungen plagen ihn und starker Gewichtsverlust haben ihn zu einem Schatten seiner selbst gemacht (V 22–25). Doch die Armutswaffe, mit der er zur Strecke gebracht werden soll, wird ihm zum Schutzschild, denn weil er »elend und arm« (ʿānî weʾeḇyôn) ist (V 22), tritt JHWH für ihn ein, »... denn er steht zur Rechten des ›Armen‹ (ʾeḇyôn), um ihn vor denen zu retten, die ihn verurteilen« (V 31).
Die Teilkompositionen der Ps 113–118; 120–134; 135–136 sind u.a. durch das Motiv der »Knechte JHWHs« strukturiert. Die Armenperspektive ist dabei deutlich gruppenspezifisch ausgerichtet, anders als bei Ps 107 und 109, aber ähnlich der Situation im Schlussteil des Buches Jesaja. Für die Knechte ist JHWH, »unser Gott« (ʾelōhênû) (113,5), unvergleichlich, weil er zwar in der Höhe thront, aber dennoch in die Tiefe hinabschaut. Sein himmlisches Wohnen entrückt ihn nicht von den Sorgen der kleinen Leute, sondern lässt ihn alles genau beobachten: »Er hebt den Schwachen aus dem Staub empor und erhöht den Armen, der im Schmutz liegt« (Ps 113,7).[117] Sie lässt er bei Vornehmen Platz nehmen und die Kinderlose wird im Hause als Mutter vieler Kinder wohnen (113,8–9; vgl. 1 Sam 2,1ff.; Luk 1,47ff.). Im Danklied des aus großer Not erretteten Beters heißt es: »JHWH ist gnädig und gerecht, unser Gott ist barmherzig«, woran sich direkt die Armenperspektive anschließt: »JHWH behütet die ›Einfältigen‹ (peṯāʾyim), bin ich

›schwach‹ (d̲al), so hilft er mir« (116,5–6). Das in den Vorhöfen des Tempels einzulösende Lobgelübde (116,19) und der Segensspruch vom Haus JHWHs aus (118,26–27) bereiten die Wallfahrtslieder der Ps 120–134 vor. Auffällig ist bei den Wallfahrtspsalmen die Spaltung in der Gemeinde. Der Beter fühlt sich von lügnerischen Menschen bedrängt, die jede Eintracht zerstören (120,1–4) und sehnt sich nach Frieden für Jerusalem, für sich, seine Brüder und Freunde (122,6–9). Da auf das Lob der Brüderlichkeit in Ps 133 der Aufruf an die Knechte (134,1; 135,1.14) folgt, liegt es nahe, die Wir-Perspektive auf die Gruppierung der Knechte zu beziehen. Besonders der Hohn der Spötter (123,4) macht ihnen zu schaffen, aber auch wirtschaftlich liegt Vieles im Argen: Einer Aussaat unter Tränen soll die Ernte voller Jubel folgen (126,5). Der Gottesfürchtige soll den Ertrag seiner Hände Arbeit selbst genießen dürfen (128,2). Zion ist der Ort der göttlichen Ruhe, aber zugleich auch der Ort, an dem JHWH »ihre Bedürftigen« sättigt (132,14–15).
In den Davidpsalmen 138–145 findet sich die Armenthematik besonders in 140–143.[118] Der Beter ist fest davon überzeugt, dass JHWH die Rechtssache des Elenden führt und den Rechtsanspruch der Bedürftigen durchsetzt. Das nehmen die Gerechten und Redlichen zum Anlass, Gottes Namen zu loben (140,13–14). Nicht nur Schöpfungs- und Heilsgeschichte stimulieren das Lob (135–136), sondern auch JHWHs gesellschaftliche Hilfe (vgl. 142,8)! Die Selbstbezeichnung des Beters als »dein Knecht« (ʿab̲dek̲ā) (143,12) erzwingt Gottes rettendes Eingreifen. Wie er einst David, »seinen Knecht«, errettete (144,10), so wird er auch nun für den Beter und seine Gemeinde eintreten: Prachtvolle Kinder und reichen materiellen Segen erhoffen sie sich von ihm (144,12–15).
Ps 145, der die Davidpsalmen beschließt und zugleich das große Schluss-Hallel (Ps 146–150) eröffnet, erweitert JHWHs Hilfe auf alle Menschen (V 12). Sein Königtum zeigt sich an der Fürsorge für die Gebeugten (145,13–14). Ps 146 beschreibt JHWH, den ewigen König: Er ist der Anwalt der Unterdrückten, spendet Nahrung den Hungernden, befreit die Gefangenen, beschützt die Fremden und hilft Waisen und Witwen (146,6–9). Sein Königtum erstreckt sich über jeden Raum und alle Zeit (146,10). Sein Lob geht von Zion/Jerusalem aus (146,10; 147,2.12) und deren Kinder jubeln über ihren König (149,2), weil er an seinem Volk Gefallen hat und die »Gebeugten« (ʿ^{a}nāwîm) mit Sieg krönt (149,4).[119] Letztendlich führt der Untergang der davidischen Monarchie im Psalter und in Jesaja (Jes 55,3–4) zu einer Art Demokratisierung der Königsvorstellung: Die Armen, Frommen, JHWH-Treuen treten an die Stelle der alten davidischen Dynastie. Ihre »Erhebungen«, d.h. die Lobgesänge in ihren Kehlen sind wie zweischneidige Schwerter in den Händen. Sie wollen nichts für sich erobern, sondern einzig und allein das Gotteslob an alles weiterreichen, was Atem hat: »Halleluja« (Ps 150,6).

Neues Testament

Rudolf Hoppe

Alfons Weiser zum 75. Geburtstag

Einleitung

»Selig die Armen ...«, »Christus wurde arm, um euch reich zu machen«, »Wehe euch Reichen ...« – das sind nur einige der bekannteren Sätze aus dem Neuen Testament, die das Verhältnis von arm und reich thematisieren. Sie weisen darauf hin, dass die Frage nach arm und reich nicht nur unter einem äußeren sozialen Aspekt zu sehen ist, so bedeutsam er auch ist, sondern dass damit der Mensch insgesamt in seinem Lebensverständnis angesprochen und herausgefordert ist.
Entsprechend weitgefächert stellt sich das Bild von arm und reich im Neuen Testament dar: Sowohl in der Verkündigung Jesu, der Jesusrezeption in der Evangelienüberlieferung als auch der Briefliteratur begegnen uns arme und reiche Menschen, werden sie zum Ausgangspunkt für weitergehende Reflexionen, wird an ihnen die Frage nach dem Leben, nach Gerechtigkeit und sozialer Verantwortung gestellt. Das gilt unabhängig von den sozialgeschichtlichen Wandlungsprozessen für alle christlichen Gruppierungen, angefangen von den palästinischen Bewegungen der Wandercharismatiker bis hin zu den christlichen Gemeinden der hellenistischen Stadtgesellschaft. Kurz: Arm und reich ist ein anthropologisches und theologisches Thema.

A. Zur Begrifflichkeit von arm und reich

1. »Arm/Armut«

Den Worten »Arm« bzw. »Armut« liegen im NT die griechischen Begriffe ptōchos (über 30 Mal) und tapeinos (etwa 20 Mal als Substantiv, Adjektiv oder Verb) zugrunde, dazu kommt das Substantiv tapeinophrosyne (Kleinmut, Armut im Denken). Der im Profangriechischen verwendete Begriff penaes kommt im NT nur einmal vor.
Mit ptōchos ist im antiken Sprachgebrauch der mittellose Mensch gemeint, der auf die Hilfe anderer zur eigenen Lebenserhaltung angewiesen und in seiner Lage völlig abhängig und ohnmächtig ist. Der ptōchos ist der Arme, der nichts hat und sich Tag für Tag mit Betteln durchzuschlagen versucht. Eine religiöse Dimension oder Beziehung ist mit dem Armen in der griechischen Literatur grundsätzlich nicht verbunden. Wohl kann der Bettler ähnlich dem Fremden unter göttlichem Schutz stehen (»denn Zeus gehören ja alle Fremdlinge und Armen an« Hom Od 6,208); aber eine besondere Nähe zu den Göttern wird ihm nicht zugesprochen, ebenso umgekehrt den Göttern nicht ein besonderes Interesse am Armen.
Der Alte Orient und besonders das antike Israel bedenken dagegen intensiv die Nähe Gottes zum Armen und den Schutz, den Gott bzw. die Gottheit ihnen gewährt. Entsprechend stehen die Armen in einer besonderen Beziehung zum Göttlichen, wissen sich in Gott geborgen und vertrauen sich in ihrer ganzen Existenz Gott an (s. Teil I). Das Neue Testament schließt sich grundsätzlich dem Sprachgebrauch des Alten Testaments mit seiner religiösen Komponente an. Die meisten der gut 30 Belege für ptōchos entfallen auf die synoptischen Evangelien (20), davon die Hälfte auf das Lk-Evangelium, dagegen fehlt das Wort in der Apg.
Der Begriff tapeinos hat ein breiteres Bedeutungsspektrum, ist allerdings außerhalb der Bibel überwiegend negativ konnotiert. Er kann dort die rein negative Bedeutung von Falschheit und Verschlagenheit haben, aber auch so etwas wie zweifelhafte Unterwürfigkeit oder ohne weitere Wertung das Leben in bescheidenen Verhältnissen meinen. Auch hier schließt sich der neutestamentliche Sprachgebrauch hauptsächlich an die alttestamentlich-jüdische Tradition an, wenn auch der profangriechische Gebrauch noch nachwirkt.[1] Aber gegenüber ptōchos ist im Wort tapeinos die Ebene der Innerlichkeit stärker angesprochen; deshalb drückt die Wortgruppe auch deutlicher die Verhältnisbestimmung des Menschen zu Gott aus. Es ist die Demut des Zöllners, die ihn gerechtfertigt nach Hause gehen lässt (Lk 18,14), und es ist das sich »Klein-Machen« (tapeinousthai) wie ein Kind, das im Himmelreich Größe verspricht (Mt 18,4).
Zwischen der Demut als Haltung und der sozialen Armut bewegt sich die Bedeutung von tapeinos im Danklied Mariens (Lk 1,46–55 [s.u.]). Beide Bedeutungen, »arm« als sozialer Status im Gegenüber zum Reichen und

»niedrig« im Gegenüber zur metaphorisch verstandenen Höhe kommen schließlich im Jakobusbrief (s.u. E. 2) zusammen (1,9f).

2. »Reich/Reichtum«

Der Wortgruppe »Reich/Reichtum« liegt nur der Begriff plousios/ploutos zugrunde. Neben der Bedeutung »reich« im eigentlichen Sinne ist im antiken Sprachgebrauch damit auch eine Aussage über den (gehobenen) Status eines Menschen verbunden. Den gemeinten Sachverhalt meinen allerdings auch andere Umschreibungen wie »ein großes Vermögen haben«, »viel besitzen« o.ä. Auf jeden Fall soll die Fülle an Lebensgütern, die einem Reichen zur Verfügung steht, zum Ausdruck gebracht werden. In der Frühzeit Griechenlands ist der Reichtum im Sinne der Statuszugehörigkeit (zum Adel) mitunter verbunden mit einer religiösen Komponente, da der Reichtum in der Hand der Götter liegt. Im Zuge des Hervortretens des Polis-Gedankens in der griechischen Welt wird der Reichtum dann zunehmend sozialethisch im Sinn der Verantwortung für die Gemeinschaft verstanden.[2]

B. Jesus von Nazaret – Anwalt der Armen

1. Vorbemerkungen

Das Themenfeld »Arm-Reich« ist in der Evangelienüberlieferung unmittelbar verbunden mit der Person Jesu von Nazaret, seinem Verhalten zu den Außenseitern in der zeitgenössischen Gesellschaft und zur religiösen Führungselite des palästinischen Judentums. Die Solidarität mit den Armen kann deshalb nicht völlig losgelöst von seiner Zuwendung zu den Verachteten und Sündern oder zu den aus der Gesellschaft ausgeschlossenen Kranken betrachtet werden. Dabei wirft allerdings die Tatsache, dass Jesus sich durchaus auch von Begüterten einladen ließ oder als »Fresser und Säufer« tituliert wurde (Lk 7,34), die Frage nach seinem Verhältnis zu den begüterten Kreisen seiner Landsleute auf. Jesu Verhältnis zu Armen und Reichen steht also im weiteren Zusammenhang seines Verhaltens zu den Etablierten einerseits und den Marginalisierten des palästinischen Judentums andererseits. Dieser weitere Kontext der Praxis Jesu kann hier allerdings nicht in die Fragestellung einbezogen werden; im Interesse der Konzentration auf die zu behandelnden Grundfragen ist eine Beschränkung auf die Begegnung Jesu mit Armen und Reichen und ihrer jeweiligen Lebenswelt notwendig.
In der Evangelienüberlieferung schenkt Lk der Zuwendung Jesu zu den Armen die größte Aufmerksamkeit und unterzieht die begüterten Kreise am eingehendsten der Kritik (s.u. B.2). Freilich spiegelt sich in seiner Deutung der Jesusgeschichte bereits eine Transformation der Lebensvorgänge der palästinischen Gesellschaft, in der Jesus selbst lebte und wirkte, in die lukanische Welt der hellenistisch-städtischen Mittelschicht wider, welche inzwischen das Bild der christlichen Gemeinde des Adressatenkreises des dritten Evangelisten prägt. Lk steht über ein halbes Jahrhundert nach Jesu Tod vor der Notwendigkeit, das Erbe des Nazareners in einen anderen milieugeschichtlichen Kontext zu »übersetzen« und die Jesusbotschaft in seiner Gemeinde unter anderen Bedingungen zum Sprechen zu bringen.
Deshalb ist, um die Profile zu schärfen, eine prinzipielle Unterscheidung zwischen der ureigenen Jesusbotschaft und ihrer Rezeption in den Evangelien (hauptsächlich dem Lk-Evangelium) angebracht,[3] ohne damit die Kontinuität der sozialen Botschaft Jesu in den Grundlinien in Frage zu stellen. Dass damit nicht der Anspruch erhoben werden soll, rekonstruieren zu können, »was Jesus wirklich sagte«, versteht sich von selbst; gleichwohl ist der Traditionsprozess der Botschaft Jesu im Auge zu behalten. Die Verkündigung Jesu wird in der Tradition bewahrt, ausgelegt und aktualisiert, aber es ist eben Jesus selbst, der am Beginn des Rezeptionsprozesses seiner Worte und Taten steht.

2. Jesu Ausgangspunkt: Die Botschaft von der Gottesherrschaft

Ausgangspunkt für Jesu ureigene Verkündigung, aber auch für die spätere Rezeption seiner Botschaft ist seine Predigt von der Gottesherrschaft. Jesus weiß sich dazu gesandt, das nah bevorstehende Kommen Gottes zur Aufrichtung universalen Heils und damit zur Herbeiführung einer positiven Wende für Welt und Mensch zu proklamieren, und sieht sich in seiner Verkündigung von JHWH selbst beauftragt, den Beginn des Heilshandelns Gottes auf Erden zur Aufrichtung seiner Herrschaft zu vollziehen. Jesus erhebt den Anspruch, exklusiv mit der Proklamation der Herrschaft Gottes beauftragt zu sein, diese, mit der Vollmacht Gottes ausgestattet, einzuleiten und die Teilhabe an ihr an die Bejahung seiner Person und seiner Botschaft zu binden. Jesus beansprucht damit, himmlische und irdische Realität zu einer neuen Heilserfahrung zusammenzuführen, die bereits in seinem Wirken und seiner Sendung Gestalt annimmt.

Nur von diesem Selbstanspruch Jesu her ist seine Botschaft an diejenigen zu verstehen, die auf der Schattenseite des Lebens stehen und ihr Dasein als diskriminierte und sprachlose Existenzen am Rande der Gesellschaft fristen. Für sie muss eine Wende der Lebensbedingungen der Inbegriff ihrer Hoffnung sein. Sie sind in erster Linie unter jenen Kreisen zu finden, welche in den Seligpreisungen der programmatischen Rede Jesu (Mt 5,3–12/Lk 6,20–23) zu allererst angesprochen werden.

3. Die Seligpreisungen – Heilruf an die Armen (Mt 5,3–12/Lk 6,20–23)

Direkte Aussagen Jesu über die Armen oder Reichen begegnen in den Jesusgeschichten der Evangelien in nur relativ geringer Anzahl. Wenn wir von den Weherufen Jesu über die Reichen in Lk 6,24–26 einmal absehen, die mit einiger Wahrscheinlichkeit auf Lk selbst oder sein Sondergut zurückgehen, findet sich eine direkte Anrede Jesu an die Reichen im Munde Jesu überhaupt nicht; sie spielen nur in szenischen Schilderungen eine – allerdings wichtige – Rolle (Mk 10,17–22; Mk 12,41–44). Aber auch die Armen sind nur selten direkte Adressaten der Worte Jesu. Zum zentralen Thema werden sie allerdings in den Seligpreisungen der programmatischen Rede Jesu Mt 5,3–12/Lk 6,20–23 und in der Antwort Jesu an Johannes dem Täufer (Mt 11,4/Lk 7,22).

In aller Unmittelbarkeit werden die Armen von Jesus in der ersten Seligpreisung angesprochen (Mt 5,3/Lk 6,20b); wie ausweglos ihre Situation ist, wird in den sich anschließenden Makarismen drastisch vor Augen geführt. Als authentische Rede Jesu selbst kommt den schon in der Spruchquelle Q enthaltenen Heilrufen an die Armen, Hungernden (Mt 5,6/Lk 6,21a) und Weinenden (Lk 6,21b) die größte Wahrscheinlichkeit zu.[4] Dem Zuspruch an die jetzt Weinenden (Lk 6,21b) könnte traditionsgeschichtlich der Zuspruch an die Trauernden (Mt 5,4a) allerdings vorzuziehen sein. Jedoch ist die Ursprünglichkeit der Anrede an die Weinenden näherliegend, weil dieses Motiv eine akute Notsituation widerspiegelt, ihm jegliches Element von Spiritualisierung fehlt und das »Abwischen der Tränen« ein wichtiger Bestandteil des jüdisch-christlichen Hoffnungsgutes ist (vgl. Jes 25,8; Offb 21,4); beides wird freilich nicht selten auch einander angeglichen. Die nur bei Mt belegten Makarismen Mt 5,5.7–10 gehen nach einhelliger Forschungsmeinung auf den Evangelisten selbst oder die ihm vorausliegende Erweiterung der Q-Überlieferung zurück. Die letzte Seligpreisung der Verfolgten (Mt 5,11f/Lk 6,23) ist zwar bereits in der Q-Tradition enthalten, aber höchstwahrscheinlich kein Bestandteil der ursprünglichen Botschaft Jesu.

Die erste Seligpreisung sieht die Lage der Adressaten und ihre akute Not in aller Radikalität: Die Armen sind die Benachteiligten, die ihre Situation auch nicht durch Wohlverhalten bessern können. Sie sind die Opfer einer zerrissenen Gesellschaft, in der sich die Mittellosen nicht mehr zu helfen wissen und um das reine Überleben kämpfen müssen, sie sind die Leidtragenden von Ausbeutung und Willkür. In den herrschenden gesellschaftlichen Zuständen haben diejenigen, die vom System der Ungerechtigkeit profitieren, Armut und Elend herbeigeführt, die Würde der Sprachlosen und Schwachen missachtet und ihnen eigenmächtig das von Gott gewährte Lebensrecht entzogen. Ähnliche ausbeuterische Missstände hatten schon die atl. Propheten mit ihrer Sozialkritik angeprangert (Am 8,4–8; Mi 2,1–11).

Die Armen sind auch die Hungernden, denen die elementaren Lebensbedürfnisse vorenthalten werden, ihre physische Existenz ist unmittelbar bedroht. Schon Jesus Sirach, der sich im 2. Jh. v. Chr. nachhaltig auf die Seite der Opfer der »hellenistischen Reform«[5] gestellt hatte, nannte die Armen und Hungernden in einem Zusammenhang (Sir 4,1). Neben den Hungernden sind es die Weinenden, die die Ausweglosigkeit der Armen zum Ausdruck bringen. Zwar wird dem »Weinen« oft ein religiöser Bezug im Sinne einer Verhältnisbestimmung des Menschen zu Gott unterlegt (Ps 6,7–10; Joel 2,12), aber diese Bedeutung spielt hier keine Rolle.[6] Die Weinenden sind die, die unter dem ständigen Ausgeliefertsein leiden, entsprechenden Pressionen ausgesetzt sind und die sich nur in der Klage artikulieren können, weil sie nicht in der Lage sind, ihre Situation positiv zu beeinflussen. Sie sind Zeichen einer gestörten Schöpfungsordnung, in der das jedem bedingungslos zustehende Lebensrecht dem Recht des Stärkeren untergeordnet wird.

Formal stehen die Makarismen Jesu denen der alttestamentlich-jüdischen Apokalyptik nahe, die die Frommen auf die nahe bevorstehende Heilszukunft ausrichten wollen. Aber Jesus unterscheidet sich darin von den Apokalyptikern, dass er seine Zusagen nicht rein futurisch in die erst noch kommende neue Welt verlegt, sondern bereits sein eigenes Wirken als Auftakt des Eschatons beansprucht. Wenn er als Bevollmächtigter Gottes den Widerspruch der bestehenden Verhältnisse gegen Jahwe, den Anwalt gerade der Armen und Entrechteten, anprangert und ihnen die Gottesnähe zusagt, hat sich ihr Leben bereits verändert. Die in ihren realen Lebensverhältnis-

sen Rechtlosen werden durch Jesus der Solidarität und Nähe Gottes versichert, das Licht des Reiches Gottes fällt schon jetzt auf ihre ohnmächtige Existenz.
Die Zusage Jesu drückt diese Ambivalenz von notvoller Gegenwartserfahrung und künftiger Heilszusage sehr präzise aus: Jesus spricht ihnen das Kommen der Basileia zu, zu der sie schon jetzt den Zugang haben; die Früchte der Gottesherrschaft jedoch ernten sie erst in der angesagten Zukunft des Heils. In der engen Beziehung zwischen Jesus und den Armen und Hungernden wird der Heilszuspruch »wahr«, auch wenn er sich in der Alltagserfahrung noch nicht spürbar durchgesetzt hat.
Auf der direkten Kommunikationsebene zwischen Jesus und seinen unmittelbaren Adressaten verändern sich bereits jetzt die »Realitäten«. Dass *Jesus* die Zusage gibt, ist die Voraussetzung für ihre Gültigkeit. Umgekehrt wirkt sich die Seligpreisung nur dann für die Entrechteten heilsam aus, wenn sie ihrerseits mit dem Künder der Gottesherrschaft in Beziehung treten und ihm Raum geben. Es ist also ein an Jesus selbst orientiertes Wirklichkeitsgeschehen: Die Gültigkeit des Makarismus ist ebenso an Jesus gebunden, wie dieser bevollmächtigt ist, das Kommen der Basileia in Verkündigung und Praxis einzuleiten. Deshalb ist die Verheißung als *jesuanische* Verheißung für die Armen, Hungernden und Trauernden entscheidend und situationsverändernd. Denn er kann sich bei denen, die in der Welt keine Spur der Gerechtigkeit wahrzunehmen vermögen, dafür verbürgen, dass Gottes Lebensordnung gegen allen äußeren Anschein Gültigkeit hat und von ihm auch durchgesetzt werden wird. Indem Jesus den Opfern des Systems die Herrschaft Gottes verheißt und sie ihnen zusagt, sich ihnen zuwendet und das Ende der gottwidrigen Herrschaft der Mächtigen in Aussicht stellt, spricht er ihnen eine bislang nicht erfahrene Würde zu. Für jemanden, der in seiner Lebenswelt zur Randexistenz verurteilt ist, ist der Ruf Gottes zur Teilhabe an der Basileia schon jetzt ein lebensverändernder Vorgang. Wenn die Armen dieser Zusage trauen, *hat* sich ihre Situation bereits gewandelt. Von ihnen wird keine Vorleistung verlangt, denn sie haben es nicht in der Hand, ihre Lebensweise und ihren sozialen Status frei zu wählen. Wenn aber der Gotteswille, der sich in der Schöpfungsordnung manifestiert, von ihnen im Wort Jesu wahrgenommen wird, hat sich das Ereignis der Gottesherrschaft schon Bahn gebrochen.
Diese Heilswende verbindet Jesus mit dem endzeitlichen Mahl. Wenn er den Hungernden zuruft, dass sie gesättigt werden, verweist er auf das Festmahl in der Königsherrschaft Gottes, von der schon die Heilsprophetie im Bezug auf Israel sprach (Jes 25,6–8) und das er selbst in seinen Mahlhandlungen mit den Zöllnern und Sündern vorwegnimmt. Insofern ist es kein Gegensatz zu Jesu Anwaltschaft für die Armen, wenn er gleichzeitig als »Fresser und Säufer« (Lk 7,34f) beschimpft wird. Jesu Welt ist eine andere als die der Reichen, für die die Festgelage zur täglichen Praxis gehören, welche dann aber zu Lasten der Armen gehen. Deren Mahl ist, wie das Gleichnis vom reichen Prasser und dem armen Lazarus eindrucksvoll zeigt

(Lk 16,19–31), perspektivlos. Das Festmahl Jesu ist genau das Gegenteil: Es nimmt den Armen nichts, sondern gibt ihnen alles.

4. Das Gebet der Armen um Brot für den Tag: Die dritte Vaterunser-Bitte (Mt 6,11/Lk 11,3)

Auch wenn der Zusammenhang der Vaterunser-Bitten mit den Seligpreisungen der Bergpredigt erst von Mt hergestellt worden ist, ist beides in der Sache bereits in der Verkündigung Jesu miteinander verbunden; denn die Brotbitte des Vaterunser-Gebetes (Mt 6,11/Lk 11,3) schließt sich unmittelbar an die Bitte um das Kommen des Reiches Gottes an (Mt 6,10/Lk 11,2c). Die Zusage der Basileia in den Makarismen macht das Gebet um ihr Eintreten im Vaterunser-Gebet erst verständlich.

Mt 6,11 hat wahrscheinlich die Version der zugrundeliegenden Spruchquelle am besten bewahrt und steht damit auch in unmittelbarer Kontinuität zur Jesustradition: »Unser Brot für den Tag gib uns heute« (Lk 11,3: »Unser nötiges Brot gib uns Tag für Tag«). Diese Bitte, die mit den Bitten um die Heiligung des Namens Gottes (Mt 6,9b/Lk 11,2b), dem Kommen seines Reiches, der Bitte um den Schuldenerlass (Mt 6,12/Lk 11,4a) und der Bitte, nicht in Versuchung geführt zu werden (Mt 6,13/Lk 114c), für die Verkündigung Jesu vorausgesetzt werden kann, richtet sich ebenso an die Mittellosen wie die Seligpreisung an die Armen. Sie sind jene ptōchoi (s.o. A.1), die als bettelarme Menschen nur an das tägliche Überleben denken und keinen Gedanken an den nächsten Tag erübrigen können. Ihnen wird gesagt, dass sie vor Gott nicht betteln müssen, sondern sie werden ermutigt, ihn zu bitten. Die extreme Not der Betenden geht aus dem schwierigen Wort epiousios (von einem zum anderen Tag reichend) hervor: es ist das, was heute zum Leben erforderlich ist. Man kann sich dann am ehesten vorstellen, dass die Bitte ursprünglich im Gebet am Morgen ihren Platz hat.

Für die so Betenden ist das Gottesreich in ihrer Alltagsrealität noch nicht konkret geworden, aber sie sollen wissen, dass es im Kommen ist, dass sie darum beten und ihr Leben mit seinen schwierigen Umständen dem Vater anvertrauen können. Angesichts der Grundsätzlichkeit der Vaterunserbitte richtet sich das Jesuswort deshalb ebenso wie die Seligpreisung an die Armen wohl nicht nur an den engeren oder engsten Kreis der Nachfolgeschaft, sondern an jeden Menschen in einer vergleichbaren Notsituation. Es ist unwichtig, wo die Not entstanden ist, es geht Jesus allein um den Menschen, der bedrängt ist von der Sorge um das eigene Überleben. Ihm sagt er zu, dass der Vater seinen Geschöpfen das Notwendigste nicht vorenthalten wird und er ihn deshalb darum bitten kann.

5. Nachfolge zwischen arm und reich

Mit seiner Gottesreichpredigt sagt Jesus den Armen die Heilswende und damit die Überwindung ihrer Marginalisierung und Randexistenz zu. Arm-Sein bzw. die Armut sind in diesem Zusammenhang Leidenserfahrungen der Unterdrückten, deren Überwindung Jesus angesagt hat. Es stellt sich aber die Frage, inwieweit das Arm-Sein für Jesus nicht nur ein Zeichen der gestörten Schöpfungsordnung ist, sondern auch eine positive Bedeutung hat, sei es als Solidarisierung mit den Armen, sei es als ausdrücklich geforderte Lebenshaltung. Einigen Aufschluss zu dieser Bedeutung von Armut ermöglichen uns die Nachfolgeworte der synoptischen Jesusüberlieferung. Vorab hat man sich allerdings eines klarzumachen: »Nachfolge« ist ein weiter Begriff. Wir haben sicher zu unterscheiden zwischen dem engsten Jüngerkreis der »Zwölf«, einem größeren Nachfolgekreis von Frauen und Männern, die mit Jesus zogen, und »Sympathisanten«, die ihm auf seinem Weg begegneten und zuhörten.[7] Wir haben, was das Gefolge Jesu angeht, also mit recht unterschiedlichen Gruppen zu rechnen, mit den von Jesus Gerufenen, mit solchen, die von sich aus in seine Nachfolge treten wollten (vgl. Lk 9,57f/Mt 8,18–20 = Q), aber auch mit Zöllnern und Sündern, die durch die Gemeinschaft mit Jesus zur Umkehr befähigt werden sollten. Daneben finden sich schließlich Begleiter(innen) auf dem Weg, die von Jesus angesprochen wurden und seine Bewegung unterstützten (vgl. Lk 8,3). Schon daraus wird ersichtlich, dass Jesus Menschen aus unterschiedlichen sozialen Schichten folgten, die er aber nicht alle mit denselben Forderungen konfrontierte. *Dass* Jesus aber in seine engste Nachfolge gerufen hat, gehört zu den elementaren Begebenheiten in seinem irdischen Wirken.[8] Der Zwölferkreis gewinnt seine Aussagekraft insbesondere in der Ausrichtung der Sendung Jesu an das Zwölfstämmevolk Israel. Schließlich lässt sich nur auf dem Hintergrund der Existenz eines festen Anhängerkreises bereits während seines öffentlichen Auftretens die nachösterliche Neubegründung des Jüngerkreises in Jerusalem plausibel machen. Entsprechend breit ist in der Evangelienüberlieferung der Ruf Jesu in die Nachfolge bezeugt; noch im Mitte der 80er Jahre abgefassten 1 Petr findet sich die Spur der evangeliaren Nachfolgetradition (1 Petr 2,21). Auch in der Frage nach den Voraussetzungen der Nachfolge ergibt sich bei aller Unterschiedlichkeit der einzelnen Nachfolgeberichte in den Grundzügen ein recht einheitliches Bild.

Wer diesem unmittelbaren Nachfolgekreis Jesu angehörte, geht einzig auf die Initiative Jesu zurück: Jesus ist jeweils der, der ruft. Zwar kennt das Johannesevangelium auch die Beteiligung eines schon Berufenen: Andreas, der aufgrund des Bekenntnisses des Täufers Jesus gefolgt war, führt seinen Bruder Simon mit dem Ziel der Nachfolge zu Jesus (Joh 1,42); aber auch hier ist entscheidend, dass letztlich Jesus ruft. Sicher ist der Nachfolgekreis Jesu ähnlich dem Johannes' d.T. prinzipiell offen (was ihn von anderen zeitgenössischen Bewegungen unterscheidet), das heißt aber nicht, dass er voraussetzungslos ist. Die Bedingungen bestehen in erster Linie im Verlassen des bisherigen Lebensumfeldes wie der Heimat, der Familie oder des Berufes (mit seinen Einkünften) zugunsten einer völligen Identifizierung mit der Person Jesu. Der Neugewinn dieses Wechsels in der Lebensausrichtung liegt in der Teilhabe an seinem Charisma und seiner Macht (z.B. der Ausstattung mit der Kraft zur Dämonenaustreibung).[9] In der Regel richtet sich der Ruf in die Nachfolge wie in der alttestamentlichen Prophetie (1 Kön 19,19–21) an Einzelne, an Simon und Andreas, Jakobus und Johannes.

a) Eine »ideale« Nachfolgeszene: Mk 1,16–20

Diese »klassische« Nachfolgeerzählung besteht aus zwei einander angeglichenen Szenen, die Berufung des Simon und Andreas sowie der Zebedäussöhne Jakobus und Johannes. Ausdrücklich genannt wird ihr Beruf eines Fischers, der dann im weiteren Verlauf metaphorische Bedeutung erhält (Mk 1,17).

Die Lebensverhältnisse eines Fischers werden nicht die der untersten sozialen Schicht gewesen sein; immerhin hatte der genannte Zebedäus einen Fischereibetrieb, in dem er und seine Söhne arbeiteten. Aus dieser Notiz lässt sich allerdings auch nicht das Gegenteil herauslesen, der Fischereibesitzer habe zu den Kreisen der Begüterten gehört, denn gerade Fischer standen unter den Repressalien der hellenistischen Oberschicht. Jesus ruft hier also Menschen, die wohl nicht gerade wohlhabend waren, die aber doch einigermaßen eigenständig für ihr Auskommen sorgen konnten.[10]

Zwar handelt es sich bei der Berufungsszene Mk 1,16f um eine idealisierte Darstellung, die Grundelemente jedoch, die Personen, der Beruf und das Verlassen des bisherigen Lebenskontextes, geben mit einiger Wahrscheinlichkeit Aufschluss über den Hergang der Berufung. Den Wechsel im Lebensvorgang selbst wird man sich freilich prozessualer als in der erzählten Szene vorstellen müssen.

Das zweite »Bild«, die Berufung des Johannes und des Jakobus, verbindet den Nachfolgeruf ausdrücklich mit dem Verlassen des Vaters und rückt diesen Aspekt ins Zentrum. Damit wird ein entscheidendes Kriterium der Nachfolge genannt, der Verzicht auf Heimat und Familie. Allerdings scheint Jesus hier keine feste Regel praktiziert zu haben, denn der vorher genannte Simon bricht ja offenbar gerade nicht völlig mit seiner Familie (vgl. Mk 1,29–31).[11] Das Entscheidende bei der Nachfolge ist deshalb allem voran die unbedingte Bereitschaft Jesus zu folgen, sich auf ihn als die prophetisch-charismatische Führungsfigur zu verpflichten und alle anderen Bindungen zu relativieren oder aufzugeben.

b) Die Berufung des Levi (Mk 2,13f)

Ähnlich stellt sich die Berufung des Levi Mk 2,13f dar: In ihrer Struktur ähnelt die Szene der der Berufungen aus 1,16–20. Auch der Zöllner Levi, Sohn eines gewissen Alphäus, folgt dem Ruf Jesu unmittelbar und lässt alles Bisherige, d.h. hauptsächlich seine Familie, hinter sich. Wie in der vorangegangenen Berufungserzählung ist entscheidend, dass der Gerufene seinen Beruf und seine Familie zugunsten der Nachfolge Jesu aufgibt. Diese zweite Szene zeigt uns trotz der auch ihr eigenen Idealisierung, dass es wieder auf die spontane Nachfolgebereitschaft unter Einschluss des Bruches mit vertrauten Beziehungen ankommt. Die stattdessen eingegangenen Bindungen an Jesus sind aber nicht notwendig mit Armut oder Besitzlosigkeit verbunden, das entscheidende Motiv ist vielmehr das Verlassen des bisherigen Lebenskontextes zugunsten der Identifizierung mit Jesus als charismatischer Führungsfigur. Ihm geht es offensichtlich nicht um Besitzlosigkeit als solche, als hätte diese einen Wert an sich, sein Interesse ist es nicht, eine »Gemeinde der Armen« zu bilden, sondern es geht ihm um die personale Bindung in Erwartung des Reiches Gottes.

c) Die Begegnung Jesu mit dem begüterten Mann (Mk 10,17–22)

Dass die Nachfolge aber mit der Forderung der Besitzlosigkeit verbunden sein *kann*, macht die Begebenheit des Scheiterns eines Nachfolgewilligen in Mk 10,17–22 klar. Diese Erzählung ist komplementär zu den bisherigen Nachfolgeepisoden zu betrachten. Anders als in den vorherigen »erfolgreichen«, aber auch idealisierten Nachfolgeschilderungen geht es in der Erzählung von einem Mann, der Jesus begegnet, zunächst nicht unmittelbar um die Nachfolge, sondern um die Frage nach dem ewigen Leben. Sie wird dann aber von Jesus weitergeführt zur Nachfolgeaufforderung. Die Einführung in die Begebenheit mit dem Weg-Motiv (Mk 10,17a) geht vermutlich auf Mk selbst zurück, ebenfalls die dialogische Gestaltung der Szene. Als Kern dürfte festzuhalten sein: Ein Mann läuft auf Jesus zu und fragt ihn nach den Voraussetzungen für das ewige Leben. Jesus antwortet ihm mit Dekaloggeboten und erweitert die Fragestellung mit seinen Nachfolgebedingungen.

Die Initiative zur Kommunikation mit Jesus geht also zunächst von dem begüterten Mann, der Ruf zur Nachfolge geht dann einzig von Jesus aus. Dem Fragenden werden die Kriterien der Nachfolgeschaft ausdrücklich genannt, zunächst das Halten der Gebote: Es sind durchweg Dekaloggebote, die den Mitmenschen im Blick haben. Das Gebot »Du sollst nicht berauben« (aposteraesaes) bezieht bereits Sir 4,1 auf den Armen (»Du sollst den Armen nicht des Lebens berauben«) und verbindet es anschließend mit der Zuwendung zum Hungernden.

Jesus legt damit zu Beginn der Begegnung den Grund für seine spätere Forderung, alles den Armen zu geben. Zumindest implizit ist den auf den Menschen bezogenen Geboten das Gebot der Gottesliebe vorgeschaltet: »Keiner ist gut außer dem einen Gott«. Kontrastierend sind in dem Apophtegma das Motiv des ewigen Lebens bzw. des Schatzes im Himmel aufeinander bezogen (V. 17 bzw. V. 21). Dadurch wird die ganze Fragestellung auf den Verzicht des eigenen Besitzes zugunsten der Armen ausgerichtet. Das

Leben im eigentlichen Sinne, die Nachfolge Jesu und der Verzicht auf den Besitz im Interesse der Armen, bedingen hier einander.

Die Nachfolge erfordert im Falle des wohlhabenden Mannes also eine weitreichende Entscheidung zum Besitzverzicht, die ihn allerdings überfordert und deshalb daran hindert, in den Jüngerkreis einzutreten. Daraus wird ersichtlich, dass die Zugehörigkeit zum Nachfolgekreis Jesu, die immer zu allererst die Freiheit von hinderlichen Bindungen zum Ziel hat, den völligen Besitzverzicht einschließen *kann.* Aber Jesus handelt hier nicht schematisch, sondern im Blick auf den einzelnen Nachfolgewilligen.

Als vorläufiges Fazit bleibt festzuhalten: Jesus hat die Armut nicht zu einem Lebensideal erhoben, das situationsunabhängig für jedermann zu gelten hätte. Er sieht sehr genau auf die Lebensverhältnisse seiner potentiellen Nachfolger und »Sympathisanten« und leitet daraus seine Forderungen ab. Der Besitzverzicht hat eine Funktion, ist aber nicht das alleinige Ziel. Die Fischer gehören nicht zu den Reichen, wohl auch nicht generell die Zöllner; sie haben keinen »Reichtum«, der sie an der Nachfolge Jesu hindern würde. Anders ist die Situation beim wohlhabenden Mann: Sein Besitz steht der Nachfolge Jesu im Wege, deshalb muss er erst noch frei werden von dem, was ihn am Weg Jesu hindert. Armut und Besitzlosigkeit haben ihre Bedeutung darin, dass sie dem Leben dienen, wie es von Jesus definiert und gelebt wird.

6. Arm zur Proklamation der Gottesherrschaft? – Die Aussendungsinstruktionen (Mt 10,5–16/Lk 10,2–16; Mk 6,6b–13parr)

Die unterschiedlichen Nachfolgeszenen stimmen darin überein, dass Jesus in unterschiedlicher Intensität seine Nachfolger zum Verzicht auf jegliche Bindung an den bisherigen Lebenskontext – seien es materielles Vermögen oder soziale Beziehung – auffordert und sie auf seine Person und Botschaft verpflichtet. Ihre Begründung findet diese Radikalforderung in der Nähe des Reiches Gottes, die alle Beheimatung und Sicherheitssuche verbietet.

Die Forderung nach Besitzlosigkeit und der Verzicht auf Sicherheit wird dann jedoch zur Grundbedingung für jene, die von Jesus zur Proklamation des Reiches Gottes *ausgesandt* werden. Davon berichten Mk und die Spruchquelle (Mk 6,7–13parr; Lk 10,1–16par); sie gestalten die Aussendung gleichermaßen zu einer Instruktionsrede aus, in der die Kargheit des Lebensstils und der Verzicht auf alle Sicherheiten zum entscheidenden Charakteristikum der Jüngerschaft gemacht werden. Fordert Jesus von ihnen die radikale Armut?

Sicher sind diese Instruktionen typisiert; als historische Grundlage kann aber angenommen werden, dass die Jünger auf ihrem Nachfolgeweg aktiven Anteil an der Verkündigung Jesu hatten, in seinem Namen (durch Dämonenaustreibungen) wohl auch selbständig wirkten und ihren Lebensstil der Kargheit, Armut und des Verzichts auf alle Sicherungen zum integralen Bestandteil ihrer Verkündigung machten.

Die Q-Überlieferung richtet zu Beginn ihrer Instruktion den Blick auf das Einbrechen der Basileia im Bild der Ernte: »Die Ernte ist zwar groß, Arbeiter gibt es aber nur wenige« (Lk/Q 10,2). Angesichts der Nähe des Reiches Gottes, d.h. im Wissen darum, dass die Ernte kurz bevorsteht, werden die Boten ohne jegliche Sicherheiten ausgesandt, da diese sie auf ihrem Weg nur behindern könnten. Die Gefährdung der Verkünder des Reiches Gottes wird durch das Bild von den Schafen, die unter die Wölfe geraten (»Geht! Siehe, ich sende euch wie Schafe mitten unter die Wölfe« [Lk/Q 10,3]), drastisch beschrieben. Dieses Motiv ist zwar vielfältig aus der profanantiken, besonders aber auch jüdisch-apokalyptischen Tradition bekannt (1 Hen 89f) – Sir 13,17f wendet das Bildwort sogar ausdrücklich auf den Gegensatz von arm und reich an –, aber es ist nicht nur Weitergabe traditioneller Topoi.
Vor diesem Hintergrund gewinnt die folgende Anweisung zur Besitzlosigkeit ihren Sinn: Sie sollen nichts mit auf den Weg nehmen, keinen Stab (Lk 9,3), keine Vorratstasche, kein Geld, nur die nötigste Kleidung. Mit dem griechischen Wort paera ist die Provianttasche gemeint. Wanderer – an sie ist hier gedacht – tragen in der paera ihren Proviant;[12] aber selbst darauf sollen die Boten Jesu verzichten. Die mk Version der Aussendungsrede verbietet ausdrücklich die Mitnahme von Brot und Vorratstasche (»kein Brot, keine paera«), eine Konkretisierung, die in die Q-Überlieferung nicht eingegangen ist. Lk erwähnt in seiner Q-Rezeption (Lk 10,4) neben der paera noch den ballantion (Geldbeutel [s.u.]). Mt 10,9 setzt in seine Mk-Rezeption (Mk 6,8) das Verbot ein, Gold, Silber und Kupfermünzen in den Gürtel zu stecken, Lk 9,3 spricht in seiner Mk-Aufnahme vom Verbot, Silber(geld) mitzunehmen.
Diese Einzelanweisungen erwecken den Eindruck, dass der Verzicht auf Geld eine zentrale Rolle bei der Boteninstruktion spielte, wie zumindest die Mk-Überlieferung (»kein Kupfergeld«) ausdrücklich hervorhebt. Offenbar steht demnach die Maßgabe im Vordergrund, auf jegliche materielle Sicherheit zu verzichten. Das ist der ureigene Auftrag Jesu.
In die gleiche Richtung weist der Verzicht auf Sandalen. Allerdings darf man hier mit einer Rückführung auf Jesus zurückhaltender sein; denn diese Anweisung geht über den Verzicht auf alles nicht unmittelbar Notwendige hinaus, da in den Gegebenheiten Palästinas weitere Wege ohne Sandalen kaum möglich waren. Möglicherweise versucht die Rezeption der Jesusworte die konkurrierenden kynischen Wanderprediger an Kargheit zu überbieten. Jesus fordert aber unbeschadet dieser Fragen in seiner Instruktion von denen, die in seinem Namen die Botschaft vom Reich Gottes verkünden und in seinem Namen Kranke heilen (Lk/Q 10,9) nicht weniger als den Verzicht auf jedwede Vorsorge und die Bereitschaft, sich den Gefahren des Weges auszusetzen.
So sehr die Boten also auf einen Lebensstil verpflichtet werden, der sich auf das Notwendigste beschränkt, so wenig ist damit allerdings der Totalverzicht auf allen Unterhalt ausgesprochen, denn sie werden immerhin aus-

drücklich aufgefordert, zu nehmen, was ihnen in den Häusern vorgesetzt wird. Der angebotene Unterhalt ist durchaus erlaubt, es geht Jesus nicht um eine völlige Verarmung. Die Boten müssen nicht um des Gottesreiches willen – überspitzt gesagt – zu den Armen und Hungernden der Seligpreisungen werden. Aber im Blick auf die Nähe des Reiches Gottes können sie *bedürfnislos* leben und jegliche eigene Unterhaltsvorsorge für überflüssig erklären. Auch hier hat der Verzicht auf materielles Vermögen eine Funktion und ist kein Wert an sich. Das deckt sich mit der Linie, die Jesus in seinen Nachfolgeworten verfolgt.

7. Arm und reich in der weisheitlichen Jesusverkündigung[13]

Jesu eigener Heilsruf an die Armen, sein Ruf in die Nachfolge und die differenzierte Forderung an seinen Jüngerkreis zum Verzicht auf gewohnte Lebensmodelle stehen im Zusammenhang mit der Botschaft vom Reich Gottes und finden in dessen Proklamation ihre Begründung. Das ist die eine Grundlinie der Verkündigung Jesu. Im authentischen Jesusgut, soweit wir es erschließen können, findet sich allerdings neben der Zentrierung der Jesuslogien auf die Basileia-Botschaft eine so breit angelegte Überlieferung aus dem weisheitlichen Horizont, dass sie grundsätzlich der authentischen Jesusverkündigung zugesprochen werden muss.

Weisheitliche Sentenzen dienen in erster Linie der praktischen Lebensorientierung unter den Bedingungen des Hier und Jetzt und wollen zum Gelingen des Lebens führen. Sie stehen im Dienst der Lebensbewältigung und geben Ratschläge aus der Lebenserfahrung heraus. Die Themen weisheitlicher Reflexion sind deshalb im Grunde alle Lebensebenen: die Erkenntnis und Vernunft zur Erschließung der Wirklichkeit, die soziale Ordnung und die Orientierung des Menschen in seinem alltäglichen Lebenskontext, Tun und Ergehen, das rechte Verhältnis zur gegebenen Zeit und, in theologischer Deutung, das Selbstverständnis des Menschen in seiner Schöpfungswirklichkeit und den mit ihr verbundenen Begrenzungen. Letztlich geht es um eine Lebensorientierung, die den Bedingungen des Daseins Rechnung trägt und in der Beobachtung der Lebensvorgänge die rechten praktischen Schlüsse zur Lebensgestaltung zieht. Weisheitsregeln sind deshalb nicht notwendig theologisch motiviert, sondern anthropologisch ausgerichtet und vernunftgemäß begründet. Sie wollen dazu verhelfen, das Leben erfolgreich zu gestalten und mit den gewonnenen Erfahrungen konstruktiv und umsichtig umzugehen.

Im Blick auf die Hörerschaft Jesu ist damit zu rechnen, dass es neben den Jüngern Kreise gab, die von seiner Botschaft überzeugt und auf dem Weg einer Neuorientierung waren, aber nicht zu seinem unmittelbaren Nachfolgekreis gehörten (s.o. B.5). Für sie waren Weisungen gedacht, die zu einem erneuerten und vertieften Lebensverständnis verhelfen sollten. Sie wollen das Leben im Hier und Jetzt einrichten, ihm eine Ordnung verleihen, es mit

Sinn erfüllen und sind deshalb nicht primär vom Hereinbrechen einer neuen Weltordnung bestimmt. Beides – weisheitlicher Realismus und eschatologische Erwartung – sind freilich nicht gegeneinander auszuspielen, denn auch da, wo das Einbrechen der Gottesherrschaft gespannt erwartet wird, ist der Alltag immer noch zu bewältigen. Im Übrigen haben beide Horizonte ihren gemeinsamen Ausgangspunkt im schöpfungstheologischen Ansatz der Verkündigung Jesu,[14] die jeweilige Gewichtung ist jedoch eine andere.

Unter den Fragen, die in der Weisheitsliteratur thematisiert werden, um zum Gelingen des Lebens zu führen, haben deshalb die Frage nach arm und reich, nach der Definition des Lebensverständnisses und der Problematik des Besitzes einen hohen Stellenwert. Was den Menschen zum Menschen macht und wie ihm das Leben gelingen kann, das ist das große Thema der Weisheit, und in ihr ist dann auch die soziale Frage von Bedeutung.

a) Die Sprüche vom Sorgen (Mt 6,25–34/Lk 12,22–31)

Kaum eine jesuanische Logiensammlung ist besser geeignet, Jesu Vorstellung von einem solchen Lebensverständnis zu beschreiben und in diesem Zusammenhang auf die spezielle Problematik des Besitzes hinzuführen als die Sprüche vom Sorgen (Mt 6,25–34/Lk 12,22–33).[15]

In den Grundzügen wird man die Sprüche auf Jesus zurückführen können, auch wenn sie teilweise sekundär miteinander verbunden wurden. Den Grundbestand in der Verkündigung Jesu bildet wohl das Verbot der Vorsorge, dem sich eine zweifache Begründung aus der eigenen Erfahrung (Wert des Lebens) bzw. der Naturbeobachtung (Verhalten der Raben) anschließt. Es folgt in Q die skeptische Frage nach der Möglichkeit der Verlängerung des Lebens aus eigenen Kräften (Mt 6,27/Lk 12,25), die aber wohl nicht zum authentischen Jesusgut gehört. Dem schließt sich eine nochmalige Aufforderung zur Freiheit von der Sorge an, die zu praktischen Konsequenzen für die Lebenseinstellung anleiten will. Sie wird mit dem Vergleich der Herrlichkeit der Natur und der dahinter zurückstehenden Pracht und dem Reichtum des sagenumwobenen Salomo begründet (Mt 6,29/Lk 12,27). Schließlich mündet die Ermahnungs- und Bilderreihe in die Aufforderung zum Streben nach der Basileia ein, die aber kaum als Bestandteil der ursprünglichen Sorgensprüche anzusehen ist.[16]

Leitend für die ganze Reihe sind die Imperative »Sorgt euch nicht«. Die Steigerungen »nicht viel mehr«, die rhetorischen Fragen und (in den sekundären Bildungen) die gegenteilige Sinngebung derselben Wortfamilie »suchen« (... das suchen auch die Heiden – sucht das Reich Gottes) verstärken die Intention des Sich-Freimachens von der Sorge.

Die ganze Ermahnungsreihe will zu optimistischer Gelassenheit und Freiheit vom Versuch der Sicherung des Lebens aus dem Vertrauen darauf führen, dass der Vater für alles sorgt. Der Mensch ist Geschöpf Gottes, er ist mehr als die Tiere, und selbst sie werden ohne ihr Zutun von Gott ernährt.

Der Mensch darf wissen, dass der Schöpfer so weit für ihn sorgt, dass er selbst frei ist für das, was ihn als Menschen ausmacht und was ihn den Blick auf den fürsorgenden Vater richten lässt.
Jesus wählt die Bilder der Vergänglichkeit nicht, um das Vergehen in den Mittelpunkt zu stellen. Es ist keine skeptische Menschensicht, sondern – deshalb der Schluss vom Kleineren aufs Größere – eine durch und durch positive Perspektive, die dem Menschen innere Freiheit gewährt und ihm die Sinnhaftigkeit nahe bringt, sich nicht vom Besitz und äußeren Status her zu definieren und sich auch von der illusionären Option völliger Autonomie und Gewährleistung eigener Sicherheit zu lösen. In den Botensprüchen (s.o. B.6) wollte Jesus seine Jünger im Verzicht auf alle Sicherheit allein auf seine Verkündigung vom einbrechenden Reich Gottes, das grundlegende Veränderungen schafft, ausrichten. In den Sprüchen vom Sorgen hat er ganz konkret das Gelingen des Lebens in den widersprüchlichen Widerfahrnissen und Gegebenheiten des Alltags im Blick. Es geht nicht um die Ausrichtung auf eine qualitativ andere Welt, sondern darum, sich in den realen Gegebenheiten zurechtzufinden. Erst in der »Sorglosigkeit« um die täglichen Dinge, im Vertrauen auf die Fürsorge des Schöpfers gewinnt der Mensch das Leben, kann er das tun, worauf es ankommt. Oder um in der Bilderwelt der Spruchreihe zu bleiben: »Weniger« als Salomo zu sein bedeutet ein »Mehr« an gelingendem Leben.
Welche Adressaten sind hier angesprochen? Die Bilderwelt der Sprüche und die sich daran anschließenden Mahnungen zur Sorglosigkeit lassen am ehesten Kreise vermuten, die auf die Vorsorge für ihr Leben fixiert sind, um sich selber kreisen und sich um ihren Lebensstandard ängstigen. Ihnen versucht Jesus die Sorge um ihr Leben zu nehmen und verweist auf die Güte des Vaters. Sie sollen sich von der Mühe um die irdischen Güter nicht so in Beschlag nehmen lassen, dass sie sich den Blick für das Leben im eigentlichen Sinne verstellen. Die Worte sind deshalb nicht auf die Nachfolger Jesu oder gar den Jüngerkreis einzugrenzen, sondern meinen allgemeiner die »Sympathisanten« der Jesusbewegung. Das sind aber gerade jene Kreise, die kaum zu den verarmten Unterschichten gehörten, sondern Kreise, die sich um ihr elementares Auskommen keine übertriebenen Sorgen machen mussten. Ihnen soll gesagt werden, dass Gott selbst für das Nötige sorgt. Sie sollen davon überzeugt werden, dass die Fixierung auf das Sorgen und Haben nichts nützt, sondern dass eine Neuorientierung in der Lebenseinstellung Not tut, um das Leben zu gewinnen.

b) Sammelt Schätze im Himmel (Mt 6,19–21/Lk 12,33f)

Schon in der Logienquelle sind die Sprüche vom Sorgen mit der Spruchgruppe der weisheitlichen Mahnworte zum Vorräte-Sammeln im Himmel verbunden. Die Logiensammlung hat sie den Sorgensprüchen vorangestellt. Mt hat diese Reihenfolge im Prinzip bewahrt; auch im Wortlaut dürfte Mt der Spruchquelle sehr nahe kommen. Es handelt sich um weisheitliche

Mahnworte, die einprägsam gegliedert sind und dazu verhelfen sollen, das Leben zu »lernen«.
Das Bild von der Motte verweist auf die Zerstörung von Kleidern (vgl. Jes 51,8; Jak 5,2 [s.u.]), ein Motiv, das seine Aussagekraft aus der Verbindung mit dem Reichtum gewinnt. Mit dem »Fraß« könnte an den Holzwurm gedacht sein, der sich durch eine Holztruhe, in der Schätze aufbewahrt werden, hindurchfrisst. Mit dem Bild vom einbrechenden Dieb ist an die Unsicherheit allen Besitzes gedacht und damit schon auf die Unverlierbarkeit des »Besitzes« im Himmel verwiesen.[17]
Wenn man hinter der Bildwelt eine Kritik am Reichtum sieht, lassen sich die Sprüche durchaus der Verkündigung Jesu zuordnen, das Fehlen einer Beziehung zum Reich Gottes ist kein durchschlagendes Gegenargument. Es geht Jesus mit der Aufnahme dieser Metaphorik um eine vernünftig begründete Warnung vor dem flüchtigen Besitz und um die Überzeugung von einer anderen Lebensorientierung. Das wird durch die allgemeine Sentenz Mt 6,21 zugespitzt, die den Entscheidungscharakter der grundsätzlichen Ausrichtung des Menschen in den Blick nimmt.
Es geht letztlich darum, wie der Mensch sein Leben definiert. Jesus wirft die dringliche Frage auf (und beantwortet sie paränetisch), ob es nicht der Würde des Menschen entspricht, das Herbeischaffen von kurzlebigen Gütern hintanzustellen, um so den Blick für andere zu gewinnen, und ob es nicht letztlich eine Verarmung bedeutet, wenn man sich selbst von Vordergründigkeiten her versteht, die allzu schnell dem Verfall anheimgegeben sind. Auch hier hat Jesus offenbar Sympathisanten im Blick, die er in seiner unmissverständlichen Bildersprache zu einem Orientierungswechsel drängen will, der allerdings auch plausibel sein soll.
Als letztes Beispiel der Stellung Jesu zum Reichtum auf der Ebene der weisheitlichen Ermahnungen sei das Wort vom Gewinnen der Welt und von der Schädigung des Lebens angeführt:

c) Gewinn der Welt – Verlust des Lebens (Mk 8,36f)

»Was nützt es einem Menschen, wenn er die ganze Welt gewinnt ...?«: Es handelt sich um charakteristisch weisheitliche Fragen, die beim »Nutzen« ansetzen – ähnlich hatte in vielen Variationen schon Kohelet (meist skeptisch) argumentiert. Auch hier gilt: Der weisheitliche Charakter der Sentenz spricht nicht notwendig gegen jesuanische Herkunft. Der erste Spruch (Mk 8,36) sagt, dass die Gewinnung des Reichtums auf Kosten des eigentlichen Lebens geht; das zweite Wort (Mk 8,37) ist stärker auf das Leben selbst bezogen und stellt dessen Einmaligkeit und Unwiederbringlichkeit heraus. Im Hintergrund steht vielleicht Ps 49,7–9.[18]
Der Psalmist prangert die Hybris der Reichen an, die ihr Selbstverständnis aus ihrem Besitz herleiten und sich nicht von JHWH her verstehen; diese Kritik wird nicht dezidiert theologisch begründet, sondern allein mit der jedermann zugänglichen Einsicht, dass keiner sein Leben zurückkaufen kann.

Sieht man diese Erfahrungsweisheit auch als leitenden Hintergrund für Mk 8,36f, sind die beiden Sprüche als ein ursprünglicher Zusammenhang denkbar.
Die Einsicht, die die Sprüche vermitteln wollen, ist sehr pragmatisch: Der Preis des Lebens ist zu hoch, um für den Reichtum gezahlt zu werden, das Leben ist das höchste Gut und mit nichts abzugelten (vgl. Sir 30,14: »Besser arm und gesunde Glieder als reich und mit Krankheit geschlagen«; vgl. auch Sir 11,18: »Mancher wird reich, weil er sich plagt, doch verwirkt er seinen Erwerb«).
Wiederum zeigt sich die Lebenszugewandtheit Jesu, der hier an die Einsicht der Reichen appelliert. Das Wort ist kein Gegensatz zum Ausschluss des nachfolgewilligen Reichen in Mk 10,25, denn in dem Doppelspruch Mk 8,36f im Munde Jesu geht es nicht um die unmittelbare Nachfolge. Vielmehr appelliert Jesus in dieser an die weiteren Kreise von Besitzenden gerichteten weisheitlichen Frage an die vernünftige Einsicht, dass das Streben nach Reichtum unweigerlich zum qualitativen Verlust des Lebens führt. Dass ein solches Leben nicht für das Reich Gottes taugt, ist nur eine logische Konsequenz, braucht aber hier nicht eigens gesagt zu werden. Es sind unterschiedliche Situationen, in die die Worte hineingesprochen sind. Jesus hat Menschen, die sich keine Sorgen um ihre physische Existenz machen müssen, im Blick und will ihnen dazu verhelfen, zu einem Leben zu kommen, das einen solchen Namen auch verdient. Das liegt dann wieder ganz auf der Ebene der Sprüche vom Sorgen, wo, wie gesehen, vor allem die Definition des Lebens eigens thematisiert wird.

8. Arm und reich in der Verkündigung Jesu – ein Fazit

Es sei ein Fazit gezogen: Die Armen werden als Adressaten der Botschaft Jesu nicht besonders häufig, gleichwohl in sachlich gewichtigem Zusammenhang genannt. Mit ihnen identifiziert sich Jesus als authentischer Verkünder des Gotteswillens, ihnen versichert er die besondere Zuwendung Gottes, indem er ihnen den Zugang zum Reich Gottes eröffnet. Die Zeit der Diskriminierung und Entwürdigung gehört schon jetzt der Vergangenheit an, deshalb haben sie allen Grund, sich im Namen Gottes von Jesus ansprechen zu lassen.
Die Frage des Besitzes spielt sodann im Zusammenhang des Rufes Jesu in die Nachfolge eine bedeutende Rolle. Jesus fordert von denen, die er selbst ruft oder die ihm nachfolgen wollen, nicht, dass sie arm wie die Mittellosen der Makarismen werden. Armut ist kein Selbstzweck und nicht per se gleichzusetzen mit einem besonderen Gottesverhältnis. Die Nachfolgebedingung kann, aber sie muss nicht die Besitzlosigkeit sein. Wohl verpflichtet Jesus die, die in seinem Namen das Reich Gottes verkünden und Kranke heilen, auf einen kargen Lebensstil, der über das Notwendigste nicht hinausgeht. Entscheidend ist angesichts des bevorstehenden Kommens der

Basileia die Freiheit von allen Bindungen, aller Vorsorge und allen Sicherheiten, die auch die materiellen Verhältnisse einschließen kann, als Voraussetzung einer existentiellen Verpflichtung auf Jesus mit der Zusage der Teilhabe an seinem Charisma.[19]

In der weisheitlichen Mahnrede Jesu richtet sich Jesus bevorzugt an Kreise, die nicht unmittelbar von Sorgen um das Überleben getrieben sind, sondern die das, was sie haben, sichern wollen. Ihr Statusdenken und ihr Haben-Wollen machen ein Lebensverständnis offenbar, das auf tönernden Füßen steht. Wirkliche Perspektiven aber bietet nur das Vertrauen auf den fürsorgenden Gott und Schöpfer, der darum weiß, was der Mensch braucht. Dieses Grundverständnis will Jesus seiner Hörerschaft nachvollziehbar machen und sie davon überzeugen, dass es geboten, ja geradezu vernünftig ist, darauf zu verzichten, sein Leben vom Besitz und Vermögen her zu verstehen, sondern dass es vielmehr Sinn macht, den Verzicht auf irdische Güter zum Lebensprogramm zu erheben. Die Adressaten dieser Predigt sind Kreise, die sich von der Person und dem Wirken Jesu angesprochen wissen, aber nicht notwendig zu seinem unmittelbaren Nachfolgekreis gehören, wahrscheinlich also Leute, die immer wieder seine Botschaft hörten, aber nicht ständige Begleiter waren.[20]

C. Arm und reich in der Jesusrezeption der Evangelien

1. Markus und Matthäus

Alle drei synoptischen Evangelien haben die soziale Botschaft Jesu aufgenommen, wenn auch mit unterschiedlicher Akzentuierung. Das *Markusevangelium* bezieht das Thema »arm und reich« stärker als seine ihm vorliegende Überlieferung auf die Jüngerschaft. Das wird in der Begegnung Jesu mit dem begüterten Mann deutlich (Mk 10,17–31) und zeigt sich ebenso in der Erzählung vom Lob der armen Witwe (Mk 12,41–44).
Mk gestaltet aus der ihm vorliegenden Überlieferung vom vermögenden Mann eine dreiteilige Szenerie, die aus Dialogen besteht: zunächst zwischen dem Mann und Jesus um die Frage des ewigen Lebens mit einer anschließend von Jesus geäußerten Nachfolgebedingung (V. 17–22), daran anknüpfend aus zwei Dialogen zwischen Jesus und den Jüngern (V. 23–27) und schließlich zwischen Petrus und Jesus (V. 28–30). Der »Fall«, der zunächst nur den einen nachfolgewilligen Menschen aufgrund seiner Begegnung mit Jesus betrifft, wird zum Problem der Zwölf insgesamt. Die rhetorische Frage nach dem Eintritt ins Reich Gottes (V. 24b) und das anschließende Bildwort vom Kamel und dem Nadelöhr (V. 25) wenden sich dagegen an die Jünger und verstehen sich als Warnung an sie, wenngleich sie sicher nicht zu den Reichen gehören.
Der erwähnte Dialog zwischen Petrus und Jesus (V. 28–30), den wohl erst Mk mit der Nachfolgeerzählung verbunden hat, zeichnet die Jünger in einem idealisierten Bild gegenüber dem reichen Mann und geht auch über die Jüngerberufung in 1,16–20 hinaus, wo noch nicht davon die Rede war, dass die Jünger *alles* verlassen haben. Damit macht Mk aber genau das, was der nachfolgewillige reiche Mann nicht vermochte, zum entscheidenden Kriterium der wahren Jüngerschaft.
Auf sie bezieht sich auch die Erzählung vom Vorbild der armen Witwe Mk 12,41–44, welche die kleinsten Kupfermünzen in den Opferkasten wirft, damit ihr ganzes Vermögen weggibt und so über die Reichen, die nur von ihrem Überfluss geben, erhoben wird. Ursprünglich waren die Adressaten der Episode gleichwohl nicht die Jünger, sondern die Menge (V. 41). Die Jünger, die Jesus in der mk Erzählung mit dieser Begebenheit belehrt, stellt erst der zweite Evangelist den Schriftgelehrten, welche die Witwen ausplündern (Mk 12,40), gegenüber. Das Verhalten der Witwe soll für die Jünger Vorbildfunktion haben; besondere Bedeutung gewinnt die Episode noch dadurch, dass die Bestätigung der armen Frau durch Jesus (Mk 12,44) gleichzeitig dessen letztes Wort in seiner Verkündigung vor den Jerusalemer Ereignissen ist. Dadurch wird die Anwaltschaft für die Armen in den Augen des zweiten Evangelisten zum Vermächtnis Jesu für seine Nachfolger.

Auch das *Matthäusevangelium* hat die Botschaft Jesu an die Armen aufgenommen und weitergeführt: Mt nimmt die Seligpreisung der Armen in der Eröffnung der Bergpredigt (Mt 5,3) aus der Überlieferung der Spruchquelle auf und erweitert ihr Verständnis durch den Zusatz »im Geiste« (en pneumati). »Die soziale Armut tritt zurück; die psychische Not tritt in den Vordergrund. Sie spielt hinüber in die ethische Haltung der Demut: ... Man muß also von einer *Tendenz* (kursiv im Original [R.H.]) der Verinnerlichung und Ethisierung der ersten Seligpreisung sprechen.«[21]
Der mt Jesus spricht den Menschen in seinen intellektuellen und existentiellen Möglichkeiten an: Die Einsicht in die eigene Begrenztheit führt ihn in die richtige Relation zum Göttlichen, und deshalb kann ihm die Basileia der Himmel auch schon für die Gegenwart zugesprochen werden. Es werden also diejenigen selig gepriesen, die ihre von Not geprägte Existenz annehmen können und in ihr die »Wahrheit« des Menschen vor Gott zu erkennen vermögen. Das ist nicht als »Spiritualisierung« im Sinne einer Verflüchtigung der sozialen Wirklichkeit zu verstehen, sondern ganzheitlich im Sinne der Existenz, wie sie sich unverstellt Gott gegenüber sieht.
Dass Mt durchaus die soziale Armut der Bedürftigen sieht, geht aus seiner Rezeption der Erzählung vom begüterten Mann (Mk 10,17–22/Mt 19,16–22) hervor. Die Vollkommenheitsforderung der Bergpredigt (Mt 5,48) wird hier noch einmal aufgenommen: »Wenn du vollkommen sein willst, geh hin, verkaufe deine Habe und gib sie den Armen ...« (19,21). Damit werden zwei tragende Aspekte der mt Vollkommenheitsvorstellung zusammengeführt: Erstens korrespondiert die Forderung nach der »besseren Gerechtigkeit« (5,20) mit der Vollkommenheitsforderung (5,48), auf die das neue Toraverständnis in den Antithesen (5,21–47) hinausläuft. Zweitens löst die Kraft zur Freiheit vom Besitz, die in 19,21 zur Vollkommenheit führt, die soziale Botschaft der Bergpredigt ein. Die wahre Jüngerschaft ist durch den Besitzverzicht bestimmt und verwirklicht damit die Grundbotschaft der Predigt Jesu am Berge.

2. Arm und reich in der Theologie des Lukas

Der Blick auf die Verkündigung Jesu hat gezeigt, dass die »soziale Frage« bei ihm gleichzeitig eine »theologische«, näherhin eine Frage seines Gottesbildes ist, das sich ganz wesentlich aus der prophetischen Tradition, aber auch aus weisheitlichen Denkmustern herleitet. Vor allem wurde deutlich, wie sehr der Zuspruch, den Jesus an die Armen richtet, aber auch seine Nachfolgekriterien mit seiner Predigt vom Reich Gottes zusammenhängen. Sein Anspruch ist es ja, das Reich Gottes herbeizuführen und seine Anfänge jetzt schon ins Werk zu setzen. Im Verständnis Jesu wird die Gottesherrschaft trotz ihrer noch nicht eingetretenen Vollendung konkret im Zuspruch an die Armen.
Das Lk-Evangelium ist zweifellos dasjenige, welches sein Jesus-Porträt am

eingehendsten von der Thematik »arm und reich« bestimmt sein lässt. Die Botschaft an die Armen und die Warnung an die Reichen bis hin zum Verdikt über die Reichen – das ist für das Jesusbild (und daraus resultierend für das Gottesbild) des Lk schlechthin zentral.

a) Präludium: Der Lobgesang Mariens (Lk 1,46–55)

Lk bindet in seinem Doppelwerk das Spannungsverhältnis von arm und reich bereits in die Vorgeschichte Jesu ein. Damit trägt er der geschichtlichen Realität Rechnung, dass der, welcher »Sohn des Höchsten« genannt werden soll (Lk 1,32), in eine Welt voller sozialer und politischer Gegensätze eintreten wird. Gleichzeitig aber stellt Lk in Aussicht, dass sich mit dem Auftreten und Wirken Jesu diese Verhältnisse grundlegend ändern werden bzw. sie sich angesichts seiner Ankündigung durch den Boten Gottes eigentlich schon geändert haben. Proleptisch besingt dies Maria bei ihrer Begegnung mit Elisabet (Lk 1,46–55) in ihrem Danklied als bereits geschehene Wirklichkeit.
Dieser Dankhymnus kreist um die Themen *Erniedrigung und Erhöhung, Armut und Reichtum, Macht Gottes und Sturz der Mächtigen der Welt*, um die *Heiligkeit Gottes und sein Erbarmen*. In der Mitte steht dabei der Lobpreis Gottes, der sich der tapeinōsis (Niedrigkeit, Armut) Mariens angenommen (V. 48a) und die tapeinoi erhöht hat (V. 52b).
In Entsprechung zu diesen beiden Hauptaussagen lässt sich der Hymnus in zwei Strophen gliedern (V. 47–50.51–56). Die erste Strophe trägt individuellen Charakter und preist Gott als Retter, der sich der Niedrigkeit seiner Dienerin erbarmt hat, weil »der Mächtige« Großes getan hat (V. 48a.49a), die zweite Strophe weitet den Blickwinkel auf alle aus, die in ähnlicher Lage sind: Der »Mächtige« hat die »Mächtigen« gestürzt, die Niedrigen, Gedemütigten erhöht und die Hungernden mit Gütern erfüllt. Der Lobgesang ist also ein individueller Dank Mariens einerseits und stellvertretend für alle Ohnmächtigen ihres Volkes eine kollektive Erinnerung an Gottes Heilstat. Die im Lied besungene Zuwendung Gottes zu seiner Dienerin steht insgesamt für die Zuwendung Gottes zu allen Notleidenden und Erniedrigten (V. 52f).
Der Hymnus besingt also das gleiche Geschehen in seinem Vorgang auf zwei Ebenen, aber im zweiten Teil in einer Klimax und begrifflich in geradezu paradoxer Zuspitzung. Die durch die Steigerung bewirkte Akzentuierung besteht zunächst darin, dass anders als im ersten Teil der Kontrast in den Vordergrund rückt: Während in der ersten Strophe die Sprecherin keiner Figur (einem Reichen, Hochmütigen o.ä.) entgegenstand, ist genau das der Skopus in der zweiten Strophe: Den Gedemütigten und Hungernden stehen die in ihrem Herzen Hochmütigen und die Besitzenden gegenüber. Dabei ist auffällig, wie unverhältnismäßig die Sprache besonders in der Beschreibung des Vorgehens Gottes gegen die in ihren Gedanken Hochmütigen ist: Gott wendete mit seinem Arm Gewalt gegen die in der Gesinnung

Hochmütigen an. Dies ist eine rhetorische Zuspitzung, die in Gott vor allem den sieht, der alles Denken durchschaut. Das Stilmittel der Unverhältnismäßigkeit zeigt, worum es der Beterin besonders geht, um die Einstellung des Menschen und um Gott, der das Innere des Menschen kennt.
Das Vorgehen gegen die Mächtigen (»er stürzte die Mächtigen vom Thron«) ist zwar begrifflich adäquater formuliert (V. 52a), aber auch hier greift das Lied zu einem rhetorischen Kunstgriff, und zwar mittels des ambivalenten Bedeutungsinhalts des Substantivs dynatos, der die Konturen schärft: Der Mächtige (dynatos), der an Maria groß gehandelt hat (V. 49), stürzt die Mächtigen (dynastas, V. 52a). Damit nimmt das Lied die eigentliche Macht für Gott in Anspruch und erklärt die sogenannte »Macht der Mächtigen« zur Illusion. Es will die Überzeugung zum Ausdruck bringen, dass Gottes Macht im Einsatz für die Ohnmächtigen und in der Desavouierung der vermeintlich mächtigen Unterdrücker besteht. Dies bedeutet aber nicht einfach eine Umkehrung der Verhältnisse im Sinne eines Ausgleichs, sondern das Lied geht darüber deutlich hinaus, wenn es die »Erhöhung« der Armen preist, während die Besitzenden leer weggeschickt werden und demzufolge ganz aus dem Blickfeld geraten. Im zweiten Teil des Liedes stehen deshalb allein die Armen und Hungernden im Zentrum. Die Mächtigen (V. 52a) sowie die Besitzenden (V. 53b) haben durch die chiastische Anlage des Satzverlaufs vor allem die Funktion, den Blick insbesondere auf jene zu richten (V. 52b.53a):

52a *Er hat Mächtige von Thronen gestürzt*
52b *und Niedrige erhöht.*
53a *Er hat Hungernde mit Gütern erfüllt*
53b *und Reiche leer fortgeschickt.*

Mit seinem Bild von Gott, der sich der Schwachen annimmt und sich gegen die Stolzen durchsetzt, steht Lk ganz in der Tradition des AT. Eindrucksvoll signalisiert das Ps 35,9f:

Meine Seele aber wird jubeln über den Herrn und sich über seine Hilfe freuen.
Mit Leib und Seele will ich ihm sagen: Herr, wer ist wie du?
Du entreißt den Schwachen dem, der stärker ist,
den Schwachen und Armen dem, der ihn ausraubt.

Zwar gibt es in der alttestamentlichen Weisheitstheologie auch Tendenzen, zur Armut eine pragmatische Einstellung zu finden oder sie als Ergebnis menschlicher Trägheit zu beurteilen (vgl. Spr 6,6–11), aber im Wesentlichen sind es die Armen, für die JHWH einsteht und deren Situation die Propheten zum Anlass nehmen, das Unrecht in Israel anzuprangern.
Für das Magnifikat des Lk-Evangeliums ist über die Psalmentradition hinaus das alttestamentliche Danklied der Hanna in 1 Sam 2,1–10 von besonderer Bedeutung, das die lange Unfruchtbare nach der Geburt des Samuel

an Jahwe richtet. In ihrem Hymnus finden sich entscheidende Analogien zum Magnifikat: Die Macht der vermeintlich Mächtigen wird zerbrochen, die Hungrigen dürfen feiern und die Armen werden erhöht. Die Erhöhung hebt das Lied zweimal hervor: »Der Herr macht arm und macht reich, er erniedrigt, und er erhöht. Den Schwachen hebt er empor aus dem Staub und erhöht den Armen, der im Schmutz liegt« (1 Sam 2,7f).
Die Anklänge des Lobpreises Mariens an das Danklied der Hanna für die Geburt Samuels sind unverkennbar, aber in zweierlei Hinsicht zeigen sich bezeichnende Unterschiede: erstens ist die Situation, in der beide Gestalten ihren Hymnus singen, darin unterschiedlich, dass Hanna für die bereits erfolgte Geburt dankt, während für Maria die Geburt Jesu noch aussteht; zweitens konzentriert das Lied Mariens den Gedanken auf das Spannungsfeld von arm und reich.
Damit wird ein zentraler Themenkreis der lukanischen Jesusgeschichte bereits im Lobgesang Mariens vor dem Eintritt des Gottessohnes in die irdische Geschichte grundgelegt. Auf diese Weise erhält das »soziale Programm« Jesu einen theologischen Ausgangspunkt, der das Fundament für sein späteres öffentliches Auftreten in der Welt legt. Die programmatische Bedeutung der Vorgeschichte Jesu für seine Sendung geht aber noch einen Schritt weiter: Wenn Maria vom Engel verkündet wurde, dass ihr Sohn vom Geist Gottes ins Leben gerufen wurde und sie in ihrem Danklied Gott für seine Taten an den Armen preist, weist das schon vor Jesu Geburt auf die Nazaretpredigt in Lk 4,16–30 voraus, wo Jesus selbst vor aller Öffentlichkeit diesen Zusammenhang herstellen wird (s.u. C.2.c). Der Evangelist bezieht das göttliche Pneuma und die Anwaltschaft für die Armen von Anfang an unmittelbar aufeinander.
Das Gottesbild des Lk und seine Jesusdeutung werden auf diese Weise bereits in der Vorgeschichte Jesu zu einer Einheit: Wenn Jesus in der Deutung des Lk dank seiner Herkunft aus Gottes Geist ganz auf der Seite Gottes steht, bedeutet das gleichzeitig seine unmittelbare Zuwendung zum Menschen. Lk gelingt es in dieser Zuordnung, theologische und soziale Dimension der Jesusgeschichte aufeinander zu beziehen und zum Ausgangspunkt seiner Erzählung vom Gottessohn Jesus zu machen. Damit gewinnt die Arm-Reich-Thematik grundlegende Bedeutung für das ganze Evangelium.

b) Johannes der Täufer: Botschafter einer Ethik des Teilens (Lk 3,10–14)

Der Person Johannes des Täufers kommt in allen Evangelien die Funktion des Vorläufers Jesu zu. Auch Lk ist von diesem Täuferbild bestimmt, aber er bezieht es konturierter als Mt und Mk auf die soziale Verpflichtung des Einzelnen. Das machen insbesondere jene Täuferworte deutlich, die der Evangelist der Gerichtspredigt des Johannes an die Scharen (3,7–9) in V. 10–14 (=SLk) anfügt: »Was sollen wir tun?«.
Diese Worte verlassen den Charakter der Gerichtsandrohung in 3,7–9 und

gehen zur Mahnung über. Lk sieht die Realisierung des vorher durch den Täufer ergangenen prophetischen Umkehrrufes mit seiner Dringlichkeit im sozialen Ausgleich. Freilich sind hier noch nicht die gegensätzlichen Gruppen der Reichen und Armen im Blick, sondern im Grunde sind es insgesamt die »kleinen Leute«, die zum solidarischen Miteinander und zum Teilen dessen, was für die Grundbedürfnisse des Lebens notwendig ist, aufgefordert werden. Diese Maßgaben entsprechen den geläufigen Grundsätzen jüdischer Ethik (vgl. PsPhok 29: »Was Gott dir gab, teile mit Bedürftigen!«). Für Lk ist das die Antwort auf die aus der Gerichtspredigt des Täufers resultierende Frage nach dem, was getan werden muss. Es geht also nicht um den Umgang mit Reichtümern, sondern Johannes wirkt darauf hin, dass die Menschen, die in ihren bescheidenen Verhältnissen das Notwendigste haben, mit denen teilen, denen sogar das Wenige noch fehlt. Nicht der totale Besitzverzicht ist hier die Frage, sondern das solidarische Gespür soll demjenigen gelten, der überhaupt nichts hat. Es wird daher nichts Ungewöhnliches angemahnt, nur das Teilen der Grundbedürfnisse.

Diese ganz auf den sozialen Ausgleich bedachte Mahnung mag angesichts der Schärfe der Täuferpredigt erstaunen, sie wirft aber ein Licht auf die lukanische Verhältnisbestimmung des Täufers zu Jesus und erklärt sich dadurch, dass erst in der Predigt Jesu der völlige Besitzverzicht mit der Nachfolge verbunden wird (s.u. B.2.i) und damit eine *exklusive Forderung* Jesu ist; hier dagegen geht es darum, wie der »Durchschnittsmensch« im unmittelbar bevorstehenden Gericht Jahwes bestehen kann.

In der Täuferpredigt wird in sich konsequent auch keineswegs die Aufgabe aller beruflichen Bindungen gefordert, denn die Zöllner können Zöllner, die Soldaten können Soldaten bleiben (3,12–14). Lk führt mit der Täuferpredigt auf Jesus hin, erst von ihm kann die Totalaufgabe des Besitzes und nicht nur das wohltätige Teilen gefordert werden; erst bei ihm geht es um die existentielle Nachfolge, die das Zurücklassen aller Hindernisse auf diesem Weg erfordert. Insofern führt der Täufer nicht nur auf theologischer Ebene auf den Messias Jesus als den Größeren hin (vgl. 3,15–17), sondern auch auf der sozialen Ebene, indem Johannes die traditionelle jüdische Ethik des Teilens in Erinnerung ruft, Jesus aber über dieses Wohltätigkeitsideal hinausgeht.

c) Die Nazaret-Rede und das »Programm« Jesu (Lk 4,16–30)

Mit dem Danklied Mariens für die schon eingetretenen Veränderungen der Verhältnisse und mit der Mahnung des Täufers zur Solidarität ist in der Sicht des Lk der Weg für die Botschaft Jesu selbst geebnet. Der dritte Evangelist verbindet dabei die schon in der Vorgeschichte zur Sprache gebrachte Herkunft Jesu aus dem Geist mit dem bleibenden Geistbesitz Jesu und der sozialen Ausrichtung seines Wirkens. Der Lobgesang Mariens hatte diesen Zusammenhang bereits im Ansatz hergestellt. Die geistgewirkte Empfängnis Jesu und die damit gegebene Präsenz des Geistes in Jesus findet ihre anschauliche Fortsetzung in der Herabkunft des Geistes bei der Taufe

(3,22), wo der Geist Gottes ihn nun zu seiner Sendung befähigt. Das fasst der Evangelist anschließend in dem Summarium in 4,14 zusammen: »Und Jesus kehrte in der Kraft des Geistes nach Galiläa zurück, und ein Ruf ging durch das ganze Umland über ihn aus«.
Die Auswirkung des Geistes Gottes auf die Sendung Jesu stellt sich dann in seiner programmatischen Nazaret-Rede in der Zuwendung zu den Armen und Zerschlagenen dar. Insofern wird die Erfahrung, die Maria in ihrem Danklied zur Sprache gebracht hat, nun ausdrücklich zum Programm des verkündigenden Jesus. Das lässt der Evangelist Jesus in Aufnahme der Prophetie des Jesaja formulieren (Lk 4,18):

Der Geist des Herrn ruht auf mir,
denn er hat mich gesalbt,
um den Armen eine gute Botschaft zu verkünden,
hat er mich gesandt,
anzukündigen den Gefangenen Entlassung
und den Blinden die Wiedererlangung des Sehens
zu entsenden die Gebeugten in Freiheit
anzukündigen ein Erlassjahr des Herrn.

Lk hat hier Jes 61,1f (LXX) und Jes 58,6 miteinander kombiniert und variiert: aus Jes 61,1 übergeht er die Wendung »und zu heilen Zerschlagene im Herzen« und gleicht Jes 58,6 (LXX [um die Zerbrochenen freizulassen]) der Satzkonstruktion (»zu senden« = Inf.) an.[22] Lk übergeht auch die Fortsetzung in Jes 61,2bf, die in der Prophetentradition auf die Trauer um Zion bezogen uns. Der Evangelist versteht die Prophetentradition neu und bezieht sie auf alle Armen, Gefangenen und Zerbrochenen, wo immer sie Not leiden. Wenn zudem mit den »Gebeugten« Lk 4,18g die Schuldsklaven gemeint sind, die von ihren Herren gefangen gehalten werden,[23] sind sie nicht in ihrer inneren Zerbrochenheit gemeint, sondern in ihrem sozialen Leiden, werden sie mit den Armen (4,18a) parallel verstanden.
Die ersten beiden Zeilen der hymnisch geformten Prophetentradition verweisen auf den Grund, die »Legitimation« Jesu: es ist der Geist Gottes, aus dem Jesus kommt und in dem er handelt. Der göttliche Auftrag wird besonders hervorgehoben durch die Salbung, die ansonsten nur den Königen (und Priestern im übertragenen Sinne als Geistbegabung) zukommt. Das Leitwort der Schriftlesung Jesu ist die »Sendung« in einer doppelten Funktion: Jesus ist (von Gott) gesandt zu seinem heilstiftenden Wirken, um seinerseits die Unterdrückten zu senden. Die exklusive Bedeutung der Person Jesu wird durch die dreifache Hervorhebung des Personalpronomens unterstrichen (»Der Geist auf *mir* – *mich* gesalbt – *mich* gesandt«). Es ist Gottes Auftrag, den zu vollziehen Jesus ausgesandt wird. Diese Sendung Jesu wird dann noch einmal summarisch in 4,43 hervorgehoben: »Ich muss auch den anderen Städten das Evangelium vom Reich Gottes verkündigen, denn dazu bin ich gesandt«. Die Korrespondenz des euangelizesthai (die Froh-

botschaft / das Evangelium verkünden) zwischen Lk 4,18 und 4,43 ist offenkundig und macht deshalb die Sendung Jesu zu den Armen zum Inhalt seiner Gottesreich-Botschaft. Die Verheißung des Jesaja aber sieht der lukanische Jesus in seinem Kommen erfüllt, und damit bringt Jesus als *Inbegriff seiner Botschaft* das Reich Gottes für die Armen. Von hier aus versteht sich der Zuspruch an die Armen in der ersten Seligpreisung (»Selig die Armen, denn euer ist das Reich Gottes«) im Verständnis des dritten Evangelisten: Nicht die Proklamation des *noch ausstehenden* Gottesreiches ist die Heilsbotschaft für die Armen, sondern das Kommen Jesu in seiner Zuwendung zu ihnen bedeutet für sie *hier und jetzt* die Teilhabe an der Basileia, weil er selbst sie bringt.

Die Armen sind demnach die Adressaten der Heilssendung Jesu, die soziale Dimension seines Wirkens ist verbunden mit seiner Person als Träger des Geistes Gottes, in seiner Zuwendung zu den Armen stellt sich das umfassende Heil Gottes dar. Es sind Menschen in realer Not, sozial und wirtschaftlich deklassiert, denen sich Jesus zuwendet. Von ihnen ausgehend weitet der lukanische Jesus den Blick auf die in vielfältiger Weise geknechteten Menschen (s.o.). Das bedeutet für Lk keine »Spiritualisierung« oder Entschärfung der sozialen Botschaft Jesu, zumal die Armen hier in Korrespondenz zu den Gefangenen und Unterdrückten stehen. Wenn Lk zudem den Teilvers »zu heilen die im Herzen Zerbrochenen« aus Jes 61,2 übergangen hat, redet er nicht einer wie immer gearteten Innerlichkeit des Armutsverständnisses das Wort; es sind zweifellos die in ihrer realen Lebenssituation zu Außenseitern Abgeschobenen, denen die ganze Zuwendung gilt.

Die Herkunft Jesu aus dem Geist Gottes und seine Zuwendung zu den Randgestalten der Gesellschaft sind für das lukanische Jesusbild eben keine Gegensätze, vielmehr steht beides komplementär zueinander. Wie Gott Maria, eine Repräsentantin der Armen ohne sozialen und religiösen Status, begnadet hat, so ist es nun die Sendung Jesu, an Gottes Stelle dessen Zuwendung zu den Unbeachteten, Niedriggestellten und Armen zu realisieren und das als Kern seines Evangeliums zu proklamieren.

d) Das prophetische »Wehe« gegen die Reichen (Lk 6,24–26)

Den Seligpreisungen lässt Lk in Korrespondenz der einzelnen Glieder vier Weherufe folgen; sie sind direkt an die Reichen gerichtet: »Doch wehe euch, den Reichen ...«. Die Seligpreisungen hatte Lk zwar an die Jünger gerichtet (»er hob seine Augen auf seine Jünger und sagte ...«), aber dabei die »vielen Menschen« als anwesend vorausgesetzt (Lk 6,18f). Das »Wehe« ergeht jetzt aber ausdrücklich an die Reichen. Als direkte Rede finden sich Weherufe bei Lk (einschl. Apg) nur hier.

Weherufe sind vor allem aus der atl. Gerichtsprophetie oder der apokalyptischen Unheilsankündigung bekannt (vgl. z.B. Am 5,18; 6,1; Jer 4,13; Hab 2,6; 1 Hen 99,1; 99,15f; Sib 3,319.323). Bei Lk werden sie nicht einmal mit vorhergehenden bösen Taten begründet, sondern es folgt ihnen nur noch die

Feststellung der Aussichtslosigkeit und des negativen Ausgleichs für den bisherigen Status. Das macht besonders die Wendung des ersten Weherufes »denn ihr habt euren Trost schon empfangen« deutlich, diejenigen, denen das »Wehe« zugerufen wird, können keinerlei Ansprüche mehr geltend machen.[24] Es geht nicht mehr um eine Umkehrmöglichkeit oder eine Änderung der Perspektiven, sondern allein um die Feststellung, dass die Reichen nichts mehr zu erwarten haben. Das ist ebenso eine Fortschreibung des Handelns Gottes im Lobgesang Mariens (1,53b: »Die Reichen hat er leer gehen lassen«) wie der zweite Weheruf an die Gesättigten, der seine Entsprechung in Lk 1,53b hat (»Die Hungernden hat er erfüllt mit Gütern«). Aber Lk weist auch bereits auf das Lazarusgleichnis voraus, denn wie die Reichen im Weheruf ihren »Trost« schon erhalten haben, so wird Lazarus im Jenseits »getröstet«, während der Reiche leiden muss (Lk 16,25).
Ebenso wenig wie Jesus selbst wirkt Lk darauf hin, dass seine Adressaten »arm« werden wie die Armen in den Seligpreisungen, Lk richtet den Blick vielmehr auf die Reichen. Sie sind zwar wahrscheinlich nicht in der Gemeinde selbst zu suchen, sondern haben als diejenigen, die Jesus bzw. die Jünger abweisen, ihre Funktion als warnendes Beispiel für eine Gemeinde, die ihren Platz in der städtischen Mittelschicht gefunden hat und damit potentiell vom Hang zu den Gütern dieser Welt bedroht ist. Sie erinnert Lk daran, dass die Reichen ihr Leben verwirkt und den Ruf der Heilssendung Jesu nicht gehört haben. Damit hat Lk das Grundproblem angesprochen, dass der Reichtum ins Verhängnis führt.

e) Reichtum und menschliches Selbstverständnis

Das Gottes- bzw. Jesusbild des Lk gewinnt seine inhaltliche Bestimmung vornehmlich durch die Zuwendung zu den Armen. Gleichwohl sind im Erzählablauf der lukanischen Jesusgeschichte der Reichtum oder die Reichen nicht einfach von der Bildfläche verschwunden, wie besonders das prophetische Wehe gegen sie in der Feldrede erkennen ließ. Auch wenn die Reichen von Gott als dem Anwalt der Armen »weggeschickt« worden sind (1,53), sind sie noch existent und eine latente Gefahr für das menschliche Selbstverständnis, konkret auch für die Jesusgemeinde des Lk (s.o. B.2.d).
Wohl aus diesem Grunde kommt der dritte Evangelist in Kap. 12 nach der Täuferanfrage mit dem schon aus der Nazaretrede bekannten programmatischen Satz der Frohbotschaft an die Armen (7,22, vgl. 4,18), nach dem Sämanngleichnis mit seiner allegorischen Auslegung und den Bildworten vom Licht und vom rechten Hören (Lk 8,4–18), der Wundertätigkeit Jesu (Lk 8,22–56; 9,10–17) und der Aussendung der Jünger (Lk 9,57–60; 10,1–16) auf die Gefahr zurück, die mit dem Reichtum gegeben ist, und stellt das Thema in einen tiefergehenden Fragehorizont nach dem menschlichen Existenzverständnis.
Den weiteren Zusammenhang in Lk 11 und 12 bilden Aussagen über das Gebet bzw. das Bitten (11,1–13), über den Streit um Jesus und Beelzebul

(11,14–26) mit dem Zusammenhang von Dämonenaustreibung und Nahegekommensein des Reiches Gottes als Zentrum (11,20); es folgen nach dem Spruch vom Jonaszeichen (11,29.32) und Bildworten vom Licht und vom Auge (11,33–35) Sprüche gegen die Pharisäer und Gesetzeslehrer (11,37–54), gefolgt von der Aufforderung zum furchtlosen Bekenntnis (12,1–12), einer Warnung vor der Habgier (12,13–15), dem Gleichnis vom Kornbauern (12,16–21) und den abschließenden Sprüchen vom Sorgen (12,22–32). Lk führt in diesem weiteren Kontext drei Themenkreise zusammen: die Verhältnisbestimmung des Menschen zu Gott durch das Gebet, den Anspruch Jesu mit dem aus ihm resultierenden Bekenntnis und die Ermahnung zu einem Lebensverständnis, das sich nicht aus eigenem Vermögen definiert. Insofern geht die Frage nach Besitz und Reichtum, die ausdrücklich in der Beispielerzählung vom reichen Kornbauern gestellt wird (Lk 12,16–21), über alle Vordergründigkeiten hinaus und zielt auf die existentielle Beziehung zu Gott als dem letzten Grund des Daseins.
Dass es sich hier um eine Frage der Grundorientierung des Menschen schlechthin handelt, wird aus der scheinbar wechselnden Adressatenschaft der Einzelszenen in Lk 12 ersichtlich: In 12,1 versammeln sich Scharen, Jesus wendet sich aber meist an die Jünger, in 12,13 redet ihn dagegen einer aus der Schar an. In 12,15 spricht Jesus zu »ihnen«, wobei offen bleibt, ob damit die Scharen, die Jünger oder beide gemeint sind, um dann die Sprüche vom Sorgen an die Jünger zu richten. Die Jesusworte haben ihre Bedeutung nicht für die Menge oder die Jünger, sondern wollen insgesamt vom je aktuellen Hörerkreis in der erzählten Welt aufgenommen werden, dann aber ihre Bedeutung für jeden Hörer des Wortes Jesu gewinnen.
Bemerkenswert ist der innere Zusammenhang, den das Bekenntnis zu Jesus und der Verzicht auf den Reichtum bilden: Der Bekennerspruch Lk 12,8f will zum Verzicht auf das Bemühen, Bedrängnissituationen aus eigener Kraft zu bestehen, aufrufen. Die anschließende Beispielerzählung vom reichen Kornbauern will mit allem Nachdruck vor Augen führen, wie wenig tragfähig die auf sich selbst gerichtete Vorsorge ist. Lk betont das vor allem dadurch, dass er dem Kornbauergleichnis das Apophtegma von der Abweisung einer Richterfunktion in einem Erbkonflikt durch Jesus vorschaltet, das dann mit der Frage nach dem Besitzer des angehäuften Reichtums angesichts des Todes des Kornbauern endet (Lk 12,20b).
Insgesamt geht es Lk um den Erweis, dass das Anhäufen von Gütern die Lebensorientierung an Gott verhindert; es geht ihm deshalb ebenso um die vom Menschen zu ziehenden Konsequenzen des Verzichts auf die Habe (Lk 12,33f). Jesus dringt auf das rechte Verständnis des Lebensinhaltes, wie besonders aus der Gegenüberstellung von »Leben« und »Besitz« hervorgeht: Das Leben gewinnt keine Sicherheit im Besitz, es wird von Gott zurückgefordert (Lk 12,20), das gesammelte Vermögen steht im Widerspruch zum Reichtum vor Gott. Im Vordergrund steht für Lk nicht eine Beurteilung des Reichtums als solchem, sondern die Frage an den Menschen, woraus der Mensch lebt und wo er die Orientierung findet, die ihn zu einem sinnfälli-

gen Leben kommen lässt. Hier ist es das Ziel des lukanischen Jesus, den Menschen zur Einsicht zu bringen, zur Einsicht seiner Verwiesenheit auf Gott.

f) Der Reiche ist der »Dumme« (Lk 16,1–8)

Im Spannungsfeld von arm und reich nimmt die Komposition von Lk 16,1–31 einen besonderen Rang ein. Die Grundlegung des Magnifikat mit ihrer Spitzenaussage vom Sturz der Reichen und Mächtigen und der Erhöhung der Niedrigen korrespondiert mit der Aufnahme des verarmten Lazarus und der Verwerfung des Reichen in Lk 16,19–31. Eine Art »Zwischenglied« bildet die Botschaft des soeben erwähnten Gleichnisses vom Kornbauern (Lk 12,16–21). In Kap. 16 hat Lk mit dem Gleichnis vom ungetreuen Verwalter und den anschließenden Sprüchen vom zuverlässigen Dienst in den kleinen und großen Dingen (16,10–12), dem Dienst an zwei Herren (16,13), der Verurteilung der pharisäischen Geldgier (16,14f), den Worten von der Ehescheidung (16,16–18) und dem Lazarus-Gleichnis (16,19–31) eine kompositionelle Einheit geschaffen, in deren Mitte der Umgang mit dem Geld und das Schicksal des Reichen stehen.

Das Gleichnis vom ungetreuen Verwalter schließt sich direkt an das Gleichnis vom verlorenen Sohn (Lk 15,11–32) an, wechselt aber die Perspektive, da sich Jesus nun an die Jünger wendet. Die vorher angesprochenen Pharisäer werden freilich als anwesend vorausgesetzt und treten in 16,14 dann wieder in den Vordergrund. Beide Erzählungen verbindet das Motiv des »Vergeudens«, aber in einem eigentümlichen Kontrast: Der jüngere Sohn vergeudet sein Erbteil, kommt zur Einsicht und wird schon vor seinem Bekenntnis vom Vater wieder aufgenommen; der Verwalter vergeudet fremdes Eigentum, zeigt aber keine Verhaltensänderung, sondern begeht im Betrug seines Herrn ein zweites Unrecht und wird von diesem dafür noch gelobt.

Das eigentliche Gleichnis endet mit V. 8a[25]: »Und es lobte der Herr den Verwalter der Ungerechtigkeit, weil er verständig gehandelt hatte«. Mit dem »Herrn« (kyrios) ist nicht etwa Jesus gemeint, sondern es ist der »reiche Mensch« aus V. 1. Der Wechsel vom »Menschen« (V. 1) zum »Herrn« (V. 8a) lässt sich durch die Erzählung selbst gut erklären, denn am Ende von V. 5 fragt der Verwalter die Schuldner, wieviel sie dem »Herrn« schuldig seien; vorher lässt der Verwalter die Schuldner seines »Herrn« der Reihe nach kommen. Lk legt dann auch das Urteil V. 8b (»Die Söhne dieses Äons sind verständiger als die Söhne des Lichts«) dem »Herrn« in den Mund und lässt erst mit dem anschließenden »Und ich sage euch« (V. 9) die Jesusrede einsetzen.

Es ist kaum möglich, ein vorlukanisches Gleichnis exakt zu rekonstruieren, da die vorliegende Erzählung zu sehr vom dritten Evangelisten geprägt ist.[26] Dennoch ist der Rahmen, den Lk dem Gleichnis gegeben hat, zu beachten. Der Erzählstoff, der dem Evangelisten vorgelegen hat, besteht aus der Forderung des reichen Mannes an seinen Verwalter, dessen unmittelbare Ent-

schlossenheit zum Betrug und schließlich dem Lob des vermögenden Herrn. In der Erzählung wird nicht das Verhalten des Verwalters als solches gelobt, sondern seine Schlauheit und Reaktionsschnelligkeit, in der Kürze der Zeit entschlossen gehandelt zu haben. Dass dieses Gleichnis deshalb als eine »Schelmengeschichte«[27] zu gelten hat, liegt auf der Hand.
Zu Recht ist in der Forschung wiederholt auf die Nähe des Erzählstoffes zur antiken Komödie hingewiesen worden, in der verschiedentlich das Motiv begegnet, dass ein Herr von seinem Untergebenen überlistet wird, sich ihm geschlagen gibt und sich gezwungen sieht, ihn für seine Hinterlist (und Überlegenheit) auch noch zu loben.[28] Über dieses Grundmotiv hinaus finden sich in Vergleichstexten der antiken Komödie, wie Heininger gezeigt hat, aber auch Analogien zum Selbstgespräch des Verwalters wie beispielsweise der Slogan »Graben kann ich nicht« (Aristophanes, Vögel 1428), die Bewältigung von Aporien mit der Frage »Was soll ich tun?« oder die scheinbare Ratlosigkeit mangels anderer Alternativen (Amphitruo 1039–1052). Wenn man die Beziehung des Herrn zu seinem Verwalter auf dieser Ebene der Komik sehen kann, besteht das Lob des Herrn in dem Eingeständnis, dass sein Verwalter ihn geschickt überlistet hat. Es bleibt ihm nichts anderes übrig, als das lobend anzuerkennen. Für Lk mag die Geschichte vor allem deshalb interessant gewesen sein, weil der »Herr« sich in Sicherheit zu wiegen glaubte, wenn er sein ganzes Vermögen seinem Verwalter anvertraute, sich dann aber getäuscht sehen musste. Seine Illusion steht der des reichen Kornbauern nicht fern, der reiche Mann/Herr steht letztlich als der Dumme da.
Die eigentliche Deutung des Vorgangs durch den Evangelisten selbst findet sich zunächst in V. 9 (»Macht euch Freunde mit dem Mammon der Ungerechtigkeit«). Diese Aufforderung ist ebenso überraschend wie der Erzählverlauf des Gleichnisses selbst; so setzt sich der Zug des Unwahrscheinlichen, der für das Gleichnis charakteristisch ist, auch in der Anwendung in V. 9 fort. Zwischen dem betrügerischen Verhalten des Verwalters und dem Aufruf zur Freundschaft mit dem ungerechten Mammon besteht eine innere Verbindung: Wenn der ungetreue Verwalter für sein Ausnutzen der ihm noch zur Verfügung stehenden kurzen Zeit und für die Überlistung seines Herrn gelobt wird, so werden die Freunde des ungerechten Mammons ins Recht gesetzt, weil sie wissen, dass dieser seinen Wert lediglich in der noch zur Verfügung stehenden Zeit des zu Ende gehenden Äons hat und etwas an sich Ungerechtes recht einzusetzen verstehen.
Eine Akzentverschiebung des Gleichnisses im lukanischen Kontext ist dennoch unverkennbar: Geht es der Geschichte selbst um die Karikierung des Reichen, der eben nicht klug (phronimos) ist, und damit um subtile Reichenkritik, so geht Lk in der Fortführung einen Schritt weiter und gibt Maximen vor, wie die Gemeinde mit dieser Welt der Ungerechtigkeit umgehen und das Beste aus den realen Bedingungen machen kann. Die Reichenkritik hat Lk beibehalten, sie aber zu einer Gemeindeparänese erweitert.

g) Der Lohn im Jenseits: Das Gleichnis vom reichen Prasser und dem armen Lazarus (Lk 16,19–31)

Mit dem Gleichnis vom reichen Prasser und dem armen Lazarus führt Lk das Thema »arm und reich« noch einmal einen entscheidenden Schritt weiter. War bisher vom »Lohn im Himmel«, von den »unvergänglichen Gütern«, vom »unerschöpflichen Schatz in den Himmeln« die Rede, so wird in der Lazarusgeschichte die Perspektive des Jenseits breit ausgemalt und gerät zum dringlichen Appell an die Adressaten des Lukas, die schon in 16,13b vorgewarnt waren: »Ihr könnt nicht Gott und dem Mammon dienen«.

Im direkten Zusammenhang ist die Beispielerzählung – es wird exemplarisch anhand der beiden Hauptpersonen das transmortale Schicksal von arm und reich vor Augen geführt – an die Pharisäer gerichtet, denn sie sind seit 16,14f die Adressaten der Rede Jesu. Die Erzählung, für die es auch eine Reihe von Analogien in der zeitgenössischen Umwelt gibt, besteht aus zwei Teilen mit je verschiedenen Schwerpunkten: Im ersten Teil geht es um die Umkehrung der im Diesseits bestimmenden Verhältnisse (16,19–26), im zweiten Teil steht die erfolglose Bitte des Reichen im Hades um Hilfe des Lazarus für seine Brüder im Vordergrund (16,27–31).

Die Geschichte schildert zunächst die gegensätzliche Lage der beiden Personen, von denen der Arme sofort mit Namen genannt und durch seine Namengebung (Lazarus = Gott hilft) auf die Seite Gottes gestellt wird. Die Gegenüberstellung könnte in ihrer Anschaulichkeit nachdrücklicher nicht sein: Während der Reiche sich in seinem luxuriösen Lebensstil gefällt und ausschweifende Festgelage zu seinem Alltag gehören, lagert Lazarus vor seinem Tor, ist den umherlaufenden Hunden (also unreinen Tieren) ausgesetzt und würde sich gerne mit den Essensabfällen sättigen.

Diese Gegensätzlichkeit wird im Tod beider Personen aber aufgehoben. Damit treten sie jedoch auch wieder auseinander – jetzt in die sich einander ausschließenden Bereiche »Abrahams Ort« und »Hades« –, aber konträr zur Exposition, denn nun wird Lazarus für sein vorher erlittenes Schicksal reich belohnt, der Reiche aber leidet im Hades Qualen (V. 23). Die Situation beider hat sich völlig gewandelt, die Lage des Reichen ist aussichtslos und voller Qual, die des Lazarus ist ein Ausgleich dafür, dass er im Leben zu kurz gekommen ist. Die Endgültigkeit der eingetretenen Änderung der Verhältnisse wird dadurch bestimmt, dass die Kluft zwischen beiden Orten unüberbrückbar ist. Dieser erste Teil der Erzählung thematisiert also in erster Linie die Umkehrung der Situation beider Kontrastfiguren vom Anfang der Erzählung.

Daran schließt sich in einem zweiten Teil ein zweigeteilter Dialog zwischen dem Reichen und Abraham an, der zunächst die Linderung der Qual des Reichen und im zweiten Gesprächsgang die Sinnesänderung der noch lebenden Brüder des Reichen zum Ziel hat. In den Mittelpunkt tritt nun der Gedanke der Umkehr, allerdings in Form des Negativurteils: Die Brüder sind nicht umkehrfähig, da ihnen nicht zugetraut wird, aus der Tradition des

Mose und der Propheten, die sie eigentlich zur Einsicht und zum Sinneswandel führen müsste, die entsprechenden Schlüsse zu ziehen. Was schon der Reiche in seinem Leben nicht begriffen hat, begreifen nun auch seine Brüder nicht. Es ist der Reichtum, der ihnen die Fähigkeit zur Einsicht nimmt. Das ist die für den Reichen in der Erzählung so niederschmetternde Botschaft.
Wenn man sich diese Gegensätzlichkeit in der Anlage der Erzählung vor Augen führt, erscheint sie wie eine Realisierung der Seligpreisung an die Armen und des Weherufes an die Reichen in Lk 6,20b.24: Für den armen Lazarus stellt sich die Realisierung der Seligpreisung Jesu ein, für den Reichen wird die Unumkehrbarkeit der Verwerfung bittere Wirklichkeit. Damit fällt Lk auch hier das Verdikt über die Reichen: Sie sind umkehrunfähig und lassen sich nicht zur Einsicht führen. Paränetisch ist das Gleichnis dann nicht nur an die Pharisäer gerichtet, sondern vor allem an die eigenen christlichen Adressaten, die die Gefahr des Reichtums erkennen sollen. Insofern korrespondiert dieser Abschluss der Geschichte mit Lk 16,9 und den dort formulierten Bedingungen für den Eintritt in die »ewigen Wohnungen«.

h) Ein Beispiel für die Umkehrfähigkeit: Zachäus (Lk 19,1–10)

Den umkehrunfähigen Reichen (dem Kornbauern Lk 12,16–21, dem reichen Prasser Lk 16,19–26, dem reichen Vorsteher Lk 18,18–25 [s.u. B.2.1]) steht mit dem reichen Zachäus in Lk 19,1–10 eine Kontrastfigur gegenüber, welche aufgrund der Begegnung mit Jesus zur Umkehr findet. Entscheidend ist in der Erzählung V. 8: »Siehe, die Hälfte meiner Habe, Herr, gebe ich den Armen; und wenn ich von jemand etwas erpresst habe, gebe ich es vierfach zurück!« Damit erreicht Zachäus zwar noch nicht die Erfüllung der Forderung Jesu an den Vorsteher in Lk 18,22, aber das ist auch nicht die entscheidende Frage. Entscheidend ist, dass Zachäus von seinem (mit zwielichtigen Praktiken erwirtschafteten) Reichtum lassen kann, seine Habe mit den Armen teilt und deshalb nicht mehr »reich« ist. Zachäus zieht die notwendige Konsequenz aus seiner mit der Aufnahme Jesu in seinem Haus verbundenen Anhängerschaft, die dann folgerichtig mit der Heilszusage an einen ehemals Verlorenen beantwortet wird (V. 9). Gegenüber dem in der Umkehr des Oberzöllners bestehenden Skopus der Erzählung tritt die Frage nach dem Ausmaß des Verzichtes (»ich gebe die Hälfte meiner Habe ...«) zurück; es geht Lk hier auch nicht um den Aspekt der »Wohltätigkeit«, sondern um die Einsicht, dass es gut und angemessen ist, die Habe zu teilen bzw. das unrechtmäßig Erworbene vierfach zurückzuerstatten und sich damit vom Reichtum loszusagen. Insofern ist die Zachäusgeschichte die praktische Antwort auf die Frage der Zöllner an Johannes d. T.: »Was sollen wir tun«? (Lk 3,12). Darin ist die Begegnung des Zachäus mit Jesus exemplarisch für die Adressaten des Evangelisten. Er ist zur Einsicht gekommen und hat von seinem Reichtum Abstand genommen. Deshalb trifft ihn nicht das Verwerfungsurteil Jesu, im Gegenteil: seine Umkehr setzt ihn ins Recht.

i) Konsequenz für die Jüngerschaft: Nachfolge im Besitzverzicht

(1) Die Kriterien Jesu

Das an der Zuwendung zu den Armen und Schwachen orientierte Gottesbild des Lk (1,51–53), die Sendung Jesu zu den Armen sowie die Verurteilung der Reichen in den Gleichnissen Lk 12,16–21; 16,1–8; 16,19–31 haben ihre Konsequenz für die Jüngerschaft: Wahre Jüngerschaft gibt es nur im Besitzverzicht.

Diesen Akzent setzt Lk schon in den Berufungsgeschichten 5,1–11 und 5,37–32: In der Fischfangerzählung sind es Jakobus und Johannes, die im Blick auf den missionarischen Auftrag Jesu an Petrus gemeinsam mit diesem alles verlassen und Jesus nachfolgen (Lk 5,11). Bemerkenswert ist dabei, dass die Zebedäussöhne, die in Mk 1,19 von Jesus in die Nachfolge gerufen werden und daraufhin Vater und Mitarbeiter verlassen, *selbst* die Entscheidung zur Nachfolge fällen und *alles* verlassen, um Jesus zu folgen. Die Akzentuierung des völligen Verzichts findet sich dann auch in der anschließenden Berufung des Levi (Lk 5,28): »Und er ließ alles zurück, stand auf, folgte ihm« (Mk 1,14: »Und er stand auf, folgte ihm«). Lk verbindet die mit dem völligen Verzicht verbundene Nachfolge in der Levi-Berufung zusätzlich mit der Umkehr: »Nicht bin ich gekommen, zu rufen Gerechte, sondern Sünder zur Umkehr« (5,32). Der Negativkontrast zum Nachfolger Levi spiegelt sich dann später im Reichen des Lazarus-Gleichnisses (s.o. B.2.g). Mit diesen beiden Begebenheiten zu Beginn der öffentlichen Wirksamkeit Jesu schafft Lk Idealszenen der gelungenen Nachfolge, die in unterschiedlichen Situationen auf die Probe gestellt werden; hinter diesen Anspruch der Entschiedenheit für seine Sache und Person geht Jesus dann auch nicht mehr zurück.

Das zeigt sich zunächst in der Instruktionsrede Lk 9,1–6, in der Jesus den Auftrag zur Verkündigung des Gottesreiches erteilt und den Zwölf die entsprechenden Verhaltensanweisungen mit auf den Weg gibt. Anders als die Mk-Überlieferung (Mk 6,7–13) fordert der lukanische Jesus den *Totalverzicht:* nicht einmal einen Stab oder Sandalen dürfen die Ausgesendeten mitnehmen. Offenbar hat Lk hier die Aussendungsrede der Q-Überlieferung (Lk 10,1–16par) auf die vorausgehende Instruktion der Zwölf übertragen und entsprechend vereinheitlicht (zur ganz anders gearteten Mahnung Lk 22,35f vgl. unten B.2.k). Ohne jede Habe sollen sie die Botschaft vom Gottesreich als die entscheidende Frohbotschaft verkünden und heilend wirken (vgl. 9,2.6). Zwar war auch bei den zeitgenössischen kynischen Wanderpredigern die Einfachheit das oberste Gebot (s.o.), aber Lk geht hier nicht nur über die Mk-Tradition, sondern auch über die Kargheit der Kyniker hinaus, die zumindest das Zugeständnis eines Mantels und eines Stabes machten. Die Zuwendung Jesu zu den Armen, in der sich die Basileia darstellt, verbietet jegliche Sicherheiten für die Boten Jesu. Das gilt nicht nur für ihren missionarischen Weg der Verkündigung des Evangeliums, sondern Jesus trifft hier eine Grundsatzaussage: Während Mk 6,9 das »Anziehen« von zwei Gewändern verbietet, untersagt Lk 9,3 das »Haben« (»und nicht zwei Gewänder sollten sie *haben*«). Der Besitzverzicht soll grundsätzlich und dauerhaft sein.

Das lässt sich auch aus der Aussendung der 72 Jünger entnehmen (Lk 10,1–16): In Zuspitzung der Überlieferung der Spruchquelle (Lk 10,4 diff. Mt 10,9) verbietet der lukanische Jesus ausdrücklich das Tragen eines Geldbeutels (ballantion), der in der Antike für eine größere Geldsumme vorgesehen war, für Lk aber nur auf die Vergänglichkeit des Reichtums verweist. In diesem Sinne verwendet der Evangelist das Wort ballantion in 12,33: »Macht euch Geldbeutel, die nicht veralten, einen Schatz, der nicht abnimmt in den Himmeln«. Die Jüngerschaft, die von Jesus ausgeschickt wird und die Nähe des Reiches Gottes verkünden soll, braucht keine Reichtümer, der Bruch mit dem bisherigen Leben öffnet die Jüngerschaft für die Proklamation des Reiches Gottes.

Regelrechte Nachfolgebedingungen setzt der lukanische Jesus in seiner Mahlszenerie in Lk 14,12–24 und den anschließenden Nachfolgeworten in 14,25–33. Ausgangspunkt ist die Mahnung zur Einladung der Armen und Krüppel zum Essen (14,13). Sie sind es dann auch, die der Einladung zum großen Gastmahl im Gegensatz zu denen, die sich durch die Güter der Welt an der Teilnahme des Mahles hindern lassen, folgen (14,18–20.21). Auf sie als positiv reagierende Gruppe läuft die Gastmahlerzählung Lk 14,16–24 zu. Lk lässt die Geschichte bewusst als noch unabgeschlossenen Prozess stehen (V. 23: »damit mein Haus voll werde«), um den Anschluss an die Nachfolgeworte herzustellen. Dadurch werden diese und das Gleichnis eng aufeinander bezogen.

Die Adressaten der Sprüche 14,25–33 sind Menschen, die mit ihm ziehen und insofern grundsätzlich ihren Willen bekunden, wie die Eingeladenen von 14,21 seinem Ruf zu folgen. So gesehen sind sie die Fortsetzung derer, die in der Gastmahlparabel positiv reagiert haben. Sie sind aber nur nachfolgefähig, wenn sie sich mit den Armen und Besitzlosen identifizieren, sich also von den Ersteingeladenen im Gleichnis unterscheiden und sich freimachen von allen hinderlichen Bindungen an die Welt. Das betont Lk besonders durch die Bedingung des Verzichts auf alle Habe (14,33), durch die der Q-Überlieferung entnommenen Forderungen des Verzichts auf die eigene Familie (14,26) und die Forderung des Kreuztragens (14,27). Wie sehr Lk hier den völligen Verzicht im Auge hat, geht aus der Betonung der Ausschließlichkeit hervor: Keiner kann Jünger sein, wenn er nicht den ganzen Besitz aufgibt (griech.: pas ex hymōn ... pasin hyparchousin).

Die beiden Fragegleichnisse vom Turmbau und vom Feldzug (14,28–32) haben im Zusammenhang funktionale Bedeutung für die Nachfolgeforderung. Sie zielen auf Überlegung und Einsicht ab: Es ist klug, erst Überlegungen anzustellen, ob man einen Turm finanzieren oder sich gegen einen übermächtigen Feind behaupten kann. So gesehen dient die Klugheitsregel der besonnenen Überlegung als Mahnung, den Eintritt in die Jüngerschaft mit ihren Bedingungen genau zu prüfen und realistisch einzuschätzen, ob man die einmal getroffene Entscheidung auch durchzuhalten in der Lage ist. Lk will die Absage an den Besitz und den Eintritt in die Jüngerschaft auf eine durchdachte Entscheidung gründen. Das wiederum korrespondiert mit dem Entschluss der Jünger zur Nachfolge in der Fischfangerzählung.

(2) Gescheiterte Nachfolge?

In diesem Zusammenhang ist noch einmal auf die Erzählung vom reichen Mann, der mit Jesus in einen Dialog um das Erbe des ewigen Lebens eintritt, zurückzukommen (s.o. B.1), nun aber unter dem Aspekt der lukanischen Akzentuierung. Einige Modifikationen, die Lk gegenüber Mk 10,17–31 vornimmt, sind für seine Interpretation der Arm-Reich-Thematik besonders aufschlussreich.

Lk gestaltet aus der dreiteiligen dialogisch angelegten Szenerie bei Mk (s.o. B.1) einen einheitlichen Erzählverlauf. Der *äußere* Rahmen besteht bei ihm aus der Frage nach dem ewigen Leben (V. 18) sowie der darauf ergehenden abschließenden Antwort Jesu (V. 29f). Das Misslingen bzw. Gelingen des Besitzverzichtes bilden den *inneren* Rahmen (V. 21–23.28); das Bildwort vom Kamel und Nadelöhr rückt in der lukanischen Darbietung der Erzählung damit in den Mittelpunkt (V. 25). In der Hinführung bezeichnet Lk den bei Mk anonym bleibenden Menschen, der Jesus begegnet, als (offenbar jüdischen) Vorsteher (V. 18) und betont ausdrücklich, dass er »sehr reich« ist (18,23, vgl. Mk 10,22: »er hatte viel Besitz«).

Wie in den Nachfolgeworten 14,25–33 hebt Lk auch hier als Nachfolgebedingung den völligen Besitzverzicht hervor: Der Behauptung des Mannes, alle vorher genannten Gebote erfüllt zu haben, steht in Verschärfung der Mk-Vorlage die Forderung Jesu, alles zu verkaufen und den Armen zu geben, gegenüber. Ein wesentlicher Unterschied der lk Version der Erzählung zur Mk-Version besteht dann einerseits in der Tatsache, dass Jesus dem Reichen gegenüber keinerlei emotionale Regung zeigt (Mk 10,21: »Jesus blickte ihn an, liebte ihn und sagte ihm ...«), andererseits lässt die lukanische Erzählung den Begüterten aber nicht weggehen, sondern dieser verbleibt im erzählten Geschehen und ist damit auch beim anschließenden Bildwort vom Kamel und Nadelöhr noch anwesend. Wenn Jesus dann vom für die Reichen unmöglichen Eintritt in die Basileia im Präsens spricht (anders als Mk, der das Futur setzt) und damit voraussetzt, dass sie in seiner Person und seinem Wort anwesend ist, ist dem Reichen die Tür noch nicht endgültig verschlossen. Dadurch gewinnt die Erzählung stärker paränetischen Charakter.

Die Kriterien für die Nachfolge und das Reich Gottes sind so klar wie in der ersten Seligpreisung bzw. in Umkehrung im ersten Weheruf (Lk 6,20–24); es wird aber nicht gesagt, der Reiche habe schon endgültig seine Möglichkeiten verwirkt, denn Lk übergeht die Bemerkung von Mk 10,22, dass er traurig wegging. Vielmehr kann er das anschließende Wort vom Kamel und Nadelöhr als indirekte Ermahnung an sich selbst gerichtet verstehen – ob er es auch tut und danach handelt, lässt die Geschichte offen.

Anders als in der Mk-Erzählung stellen die Zeugen der Begebenheit bei Lk an Jesus die Frage nach der Rettungsmöglichkeit; erst dann greifen die Jünger, angeführt von Petrus, als diejenigen, welche die Nachfolgekriterien schon erfüllt haben, ins Geschehen ein (V. 28); die im Besitzverzicht positiv entschiedene Nachfolge wird im Wort des Petrus unterstrichen. So gesehen wird der Reiche vor die Entscheidung für oder gegen die Besitzlosigkeit gestellt, Petrus und seine Mitjünger aber im Durchhalten der bereits getroffenen Entscheidung gestärkt.

k) Ein innerer Widerspruch? (Lk 22,35f)

In der Aussendungsinstruktion hatte der lukanische Jesus jeglichen Besitz und jegliche Vorsorgemaßnahmen zur eigenen Verteidigung auf dem Missionsweg untersagt (Lk 10,4). An diese Maßgaben knüpft er im Vorfeld der Zuspitzung der Ereignisse in Jerusalem an, offenbar mit einer gegenüber den bisherigen Forderungen konträren Botschaft (Lk 22,35f):

[35]Dann sagte Jesus zu ihnen: Als ich euch ohne Geldbeutel aussandte, ohne Vorratstasche und ohne Schuhe, habt ihr da etwa Not gelitten? Sie antworteten: Nein.[36] Da sagte er: Jetzt aber soll der, der einen Geldbeutel hat, ihn mitnehmen, und ebenso die Tasche. Wer aber kein Geld hat, soll seinen Mantel verkaufen und sich dafür ein Schwert kaufen.

Eindeutig ist der Bezug von Lk 22,35f auf die Aussendungsinstruktion Lk 10,1–12 (vgl. 9,1–6). Nun aber nimmt Jesus das Verbot zur Mitnahme eines Geldbeutels zurück; was den Jüngern in den Aussendungsinstruktionen verwehrt war, wird ihnen nun angeraten. Zweifellos steht hinter Lk 22,35f also ein »Strategiewechsel«: Das, was früher uneingeschränkte Gültigkeit besaß, scheint nun keine Bedeutung mehr zu haben.
Wenn das letzte Ziel der in der Aussendungsrede gebotenen Verzichtsleistungen – analog den kynischen Wanderphilosophen – in der individuellen Freiheit und inneren Unabhängigkeit des Boten Jesu läge, wäre der Widerspruch zwischen Lk 10,4 und 22,35f kaum überbrückbar, doch liegt darin ja gerade nicht die eigentliche Begründung von Besitzverzicht und Wehrlosigkeit. Vielmehr sollen die von Jesus, der das Reich Gottes gebracht hat, Ausgesandten (Lk 9,1–6; 10,1–12) auf ihrem Missionsweg zum bedingungslosen Vertrauen auf die Fürsorge Gottes ermutigen und dieses auch selbst leben.
Diese Situation hat sich »jetzt aber« (22,36) von Grund auf geändert. Die »Anwesenheit« der Basileia ist für die Jüngerschaft angesichts der bevorstehenden Festnahme Jesu, wo die Stunde und Macht der Finsternis die Oberhand gewonnen haben (vgl. 22,53), und seines bevorstehenden Todes verdunkelt und nicht mehr erfahrbar. Die Basileia Jesu wird den Jüngern nun als Erwartungsgegenstand »vermacht«. Denen, die mit ihm ausgehalten haben, wird zugesagt, dass sie in ihr mit ihrem Meister an einem Tisch sitzen

werden (22,29). Lk trägt hier der Gegenwartsrealität der Jüngerschaft Rechnung, in der die Zeit »ohne Jesus« bewältigt und auf die kommende Basileia vorbereitet werden muss. Der »Kompromiss«, der sich in Lk 22,35f darstellt, wirft ein Licht auf das Ideal der Anfangszeit, als Jesus das Leben mit seinen Jüngern teilte; dieses aber wird ohne den anwesenden Jesus nicht mehr erreicht. Die in Jesus gegenwärtige Heilswirklichkeit Gottes, die jegliche Vorsorge mit materiellen Gütern verzichtbar machte, ist mit dem bevorstehenden Leiden Jesu nicht aufgekündigt, aber das Leben muss den realen Bedingungen angepasst werden. Das bedeutet für Lk noch keine Legitimierung des »Reichtums«, trägt aber der Notwendigkeit Rechnung, in den gegebenen Realitäten zu leben.

Blicken wir auf Lk zurück: Lk ist zweifellos der »Evangelist der Armen«.[29] Vom Magnifikat bis zur Lazarusgeschichte, von der Antrittsrede in Nazaret bis zur Zachäusgeschichte spannt sich der Bogen. Lk spricht den Armen das Heil Gottes zu, er warnt vor den Gefahren des Reichtums. Er verwirft die Reichen nicht, sondern will sie von der Sinnhaftigkeit der Umkehr überzeugen. Das Verwerfungsurteil wird allein über die gesprochen, die sich der Abkehr von den Gütern verweigert haben und dem Reichtum verhaftet geblieben sind. Aber die Rezeption von Mk 10,17–22 zeigt, dass der lukanische Jesus nicht vorschnell den Stab über die Reichen bricht, sondern sie auf seinem Weg mitgehen lässt.

In den Grundlinien zeigt sich bei Lk ein hohes Maß an Kontinuität mit der Verkündigung Jesu selbst. Wie sehr das Thema arm und reich bei Lk aber in den Mittelpunkt rückt, zeigt sich daran, dass es der Evangelist schon in die Vorgeschichte Jesu integriert und damit seiner Jesusgeschichte mit der sozialen Botschaft das entscheidende Profil verleiht. Dazu sah sich Lk in seiner Welt der städtischen Gesellschaft veranlasst, in der die christliche Gemeinde in seinen Augen zunehmend von den Verlockungen der Welt bedroht war.

D. Arm und reich bei Paulus und in der Paulusrezeption der Pastoralbriefe

Der eben angesprochene Boden der hellenistischen Stadtgesellschaft wurde in erster Linie durch den Apostel Paulus und die Gründung seiner städtischen Gemeinden betreten.[30] Direkte Informationen zur Rolle der christlichen Gemeinden zu paulinischer Zeit in der hellenistisch-römischen Welt sind allerdings mehr als spärlich, die sozialen Fragen innerhalb der Gemeinden sind in den 50er Jahren des 1. Jh. (noch) kein vordringliches Thema. Am ehesten stellen sich Probleme des gemeindeinternen Umgangs mit seinen sozialen Implikationen in der Gemeinde von Korinth (s.u.), aber auch hier sind die Fragen von arm und reich nicht das beherrschende Problem. Gleichwohl ist das Wenige, das Paulus zum Thema äußert, mehr als bemerkenswert.

1. Zur sozialen Stellung des Paulus

In der Frage nach dem sozialen Status des Paulus selbst gehen die Meinungen in der Forschung weit auseinander.[31] Das Spektrum reicht von der Annahme, die Familie des Paulus sei sehr reich gewesen, bis zur Einordnung des Apostels ins Unterschichtenmilieu.[32] Die neutestamentlichen Quellen bieten kein eindeutiges Bild: Während die Apg Paulus eher als begütert erscheinen lässt, sprechen die (allerdings nur wenigen) Selbstaussagen des Apostels nicht dafür.

Die von der Apg genannte Geburtsstadt Tarsus (Apg 22,3) war zu Beginn des 1. Jh. n. Chr. eine wohlhabende Stadt, die von einer florierenden Landwirtschaft und der ertragreichen Webereiindustrie lebte. Die Angabe in Apg 18,3, Paulus sei »Zeltmacher« (skaenopoios) gewesen, lässt sich auf jeden Fall gut mit der Stadt Tarsus in Verbindung bringen. Das spricht dann dafür, dass er mit seiner eigenen Arbeit seinen Lebensunterhalt bestreiten konnte. Der mehrfache Hinweis des Paulus, sein Geld mit seiner eigenen Hände Arbeit verdient (vgl. 1 Thess 2,3–8) und auf alle Unterhaltsansprüche verzichtet zu haben (2 Kor 11,7), spricht ebenso für ein hinreichendes Auskommen. Da diese Geschäfte allerdings auch unterschiedlich erfolgreich verlaufen konnten, sind Mangelsituationen, wie sie aus 2 Kor 11,9 hervorgehen, ebenso vorstellbar. Sie waren aber offenbar kein Dauerzustand und auch nicht so gravierend, dass Paulus gezwungen gewesen wäre, die Korinther um Hilfe zu bitten (was er sicher nur im Notfall getan hätte), sondern er konnte in diesem Fall auf die Hilfe aus Philippi warten (2 Kor 11,9). Als Angehöriger der pharisäischen Richtung innerhalb des Judentums stand er zudem der in durchweg geordneten Verhältnissen lebenden städtischen Mittelschicht nahe. So wird man ihn einigermaßen zuverlässig jenen

Kreisen zuordnen können, die zwar zu einem bescheidenen Lebensstil gezwungen waren und teilweise auch an die finanziellen Grenzen zum Lebensunterhalt kamen, die aber nicht zur armen Unterschicht gehörten.

2. Die Unabhängigkeit des Apostels

Grundsätzlich hat Paulus auf jeglichen Unterhalt aus seiner apostolischen Tätigkeit verzichtet; allein von der Gemeinde in Philippi nahm er Unterstützungen für seine Missionsarbeit entgegen. Das hat wohl seinen Grund darin, dass er in der finanziellen Hilfe seitens der Philipper, die ihm besonders nahestanden, seine apostolische Unabhängigkeit nicht gefährdet sah. Aber Paulus sah sich meist auch deshalb nicht genötigt, um finanzielle Zuwendungen zu bitten, weil er in materieller Hinsicht anspruchslos war. Darauf lässt Phil 4,11f schließen:

Ich sage das nicht, weil ich etwa Mangel leide. Denn ich habe gelernt, mich in jeder Lage zurechtzufinden: Ich weiß Entbehrungen zu ertragen, ich kann im Überfluss leben. In jedes und alles bin ich eingeweiht: In Sattsein und Hungern, Überfluss und Entbehrung.

Die Begriffe »arm werden«, »Überfluss haben«, »Satt-Sein«, »Hungern«, »Mangel-Leiden« (4,12) sind zweifellos im Sinne des realen täglichen Bedarfes zu verstehen, da Paulus sie in Verbindung mit der materiellen Unterstützung aus Philippi einführt. Diese Bedürfnislosigkeit bezeichnet er ausdrücklich als einen Lernprozess im Laufe seiner Missionsarbeit: Damit kann in diesem Falle aber nur der Aspekt des wirtschaftlichen Auskommens gemeint sein, das griechische Wort tapeinousthai ist deshalb hier im Sinne von »in ärmlichen Verhältnissen leben« o.ä. zu verstehen (vgl. auch Jak 1,9f [s.u. D.2]).

Die Lebensweise der Bedürfnislosigkeit gehört auch zum Charakteristikum der zeitgenössischen kynisch-stoischen Wanderphilosophen und ist bei ihnen auf das der Grundhaltung des Sokrates verpflichtete ethische Ziel des tugendhaften Lebens hin orientiert (s.o. A.6). Von dieser Begründung für ein Leben in aller Kargheit ist Paulus allerdings weit entfernt. Ihm geht es gerade nicht darum, aus eigener Kraft die konkreten Widrigkeiten – mit einem zweifelhaften Freiheitsideal – auszuhalten, sondern für ihn ist es Christus, der ihm die Kraft zum Bestehen der gegensätzlichen Lebenslagen schenkt (4,13).

3. Der Einsatz des Paulus für die Armen in Jerusalem

Das Wort ptōchos kommt bei Paulus nur dreimal in der sozialen Bedeutung vor (Röm 15,26; 2 Kor 6,10; Gal 2,10), davon zweimal im Zusammenhang der auf dem Apostelkonzil zwischen beiden Parteien vereinbarten Kollekte in den heidenchristlichen Gemeinden für »die Armen« in Jerusalem. Paulus weist ausdrücklich in Gal 2,10 darauf hin: »Allein, dass wir an die Armen dächten, was zu tun ich mich auch eifrig bemüht habe«. Paulus referiert hier sehr präzise: Er hat die Verpflichtung zu dieser Sammlung gemeinsam mit Barnabas übernommen (Gal 2,10a) und sie auch nach seiner Trennung von ihm vereinbarungsgemäß weitergeführt.

Gemessen an den sozialen Verhältnissen in den hellenistischen Stadtgemeinden des Heidenchristentums hat die Jerusalemer Urgemeinde sicher als wirtschaftlich arm zu gelten; für sie will Paulus die sozialen Lebensbedingungen verbessern. Aber die Kollekte ist mehr; sie ist eine Anerkennung der besonderen Bedeutung der judenchristlichen Gemeinde für die gesamte Ekklesia Gottes. Dem Einsatz für die »Armen« kommt deshalb eine herausragende Aussagekraft für das paulinische Gemeindekonzept zu. Das drückt sich vor allem in Röm 15,26f aus, wo Paulus eigens hervorhebt, die Gemeinden von Mazedonien und Achaia hätten eine Sammlung für »die Armen« in Jerusalem beschlossen, was Paulus mit dem theologisch zentralen Gedanken der »Teilhabe« (koinonia) begründet: »Denn wenn die Heiden an ihren geistlichen Gütern Anteil erhalten haben, sind sie auch verpflichtet, ihnen mit irdischen Gütern zu dienen«. Besonders die Begriffe »leitourgein« (dienen), »opheilein« (verpflichtet sein), verweisen auf die theologische Dimension des Dienstes. Die Unterstützung der Jerusalemer Christen ist mehr als eine solidarische soziale Aktion zugunsten der Armen. Sie ist für Paulus letztlich eine Frage der Identität des Christuszeugnisses.

4. Reichtum durch Armut

Verschiedentlich spricht Paulus von seiner eigenen Armut: »Wir sind wie Betrübte, immer aber sich Freuende, wie Arme, und doch solche, die viele reich machen, wie solche, die nichts haben und doch alles haben« (2 Kor 6,10).

Die Antithese von arm und reich in dieser Feststellung ist der Schlusspunkt und zugleich eine inhaltliche Zusammenfassung einer Reihe von Oppositionen, mit denen Paulus von der Glaubwürdigkeit seines Versöhnungsdienstes überzeugen will (verkannt-anerkannt, sterben-leben, traurig-fröhlich, arm-reich). Das Grundmotiv des Reichtums in der Armut teilt Paulus mit seinen zeitgenössischen hellenistischen Wanderphilosophen: »Du wirst sehen, dass die Götter nichts haben und doch alles geben und nichts ihr eigen nennen« (Seneca, Von der Ruhe des Herzens 8,5). Philo berichtet von den Essaiern, sie besäßen mit Absicht weder Geld noch Land und würden doch für reich gehalten, »weil sie es als ein Übermaß an Reichtum – was ja auch ist – betrachten, wenig zu bedürfen und genügsam zu sein«.[33] Bei Paulus steht freilich mehr dahinter als ein Ideal innerer Seelenruhe oder essenischer Askese. Er versteht das »Arm-Sein« zwar sehr real im Sinne seiner entbehrungsreichen Existenz und konkreten Bedürftigkeit, aber er kann seine soziale Lage in einen dezidiert religiösen Horizont hineinstellen, indem er sie von Christus her versteht, der gerade als der Entäußerte den Glaubenden alles wurde. In der Orientierung am Weg Christi in die Armut macht deshalb auch der Apostel seine Gemeinde »reich«, indem er selbst arm wird. »Wir sind arm und machen doch viele reich, wir haben nichts und haben doch alles« (2 Kor 6,10) bezieht sich im Kontext auf V. 4, wo Paulus darauf hinweist, dass er sich »in allem« als Gottes Diener erweist; seine Armut ist die für seinen apostolischen Auftrag angenommene und sachlich angemessene Lebensweise.

Das Paradoxon des Reichtums in Armut überträgt Paulus im Anschluss an die Darlegung seines apostolischen Selbstverständnisses auf die Gemeinde – wieder in der Verschränkung von sozialer und theologischer Ebene (2 Kor 8,7–9):

7 Wie ihr aber an allem reich seid, an Glauben, Rede und Erkenntnis, an jedem Eifer und an der Liebe, die wir in euch begründet haben, so sollt ihr euch auch an diesem Liebeswerk mit reichlichen Spenden beteiligen. 8 Ich meine das nicht als strenge Weisung, aber ich gebe euch Gelegenheit, angesichts des Eifers anderer auch eure Liebe als echt zu erweisen. 9 Denn ihr wisst, was Jesus Christus, unser Herr, in seiner Liebe getan hat: Er, der reich war, wurde euretwegen arm, um euch durch seine Armut reich zu machen.

Vordergründig geht es Paulus auch hier um die Kollekte für die Jerusalemer Gemeinde. Er erinnert zunächst an die große Spendenbereitschaft der mazedonischen Gemeinden, die in aller Freiwilligkeit über ihre eigenen Möglichkeiten hinausgegangen seien und die Kollekte unterstützt, aber auch ihm persönlich ihre Hilfe gewährt hätten: »... dass in vieler Bewährung ihrer (der Mazedonier) Bedrängnis ihre überreiche Freude und ihre abgrundtiefe Armut überfloss in den Reichtum ihrer Freigebigkeit« (2 Kor 8,2). Der Begriff »Armut« (ptōcheia) ist sicher im sozialen Sinne zu verstehen und nicht im weiteren Sinne als gesellschaftliche Ausgrenzung, die Paulus in 8,2 mit »Bedrängnis« (thlipsis) benennt. Es wird auch der historischen Situation entsprechen, dass die mazedonischen Gemeinden ärmer sind als die Gemeinde in Korinth. Deshalb ist davon auszugehen, dass er – wohl zur zusätzlichen Motivation der Spendenbereitschaft der Korinther – an das Solidaritätswerk einer alles andere als wohlhabenden Gemeinde in Mazedonien für die noch ärmere in Jerusalem erinnert.

Aber auch das sieht er nicht als rein soziale Wohltat. Denn der »Reichtum« (8,2) als Gegenüber zur Armut wird auf die innere Haltung der Freigebigkeit bezogen, die ihrerseits ein Gnadenerweis Gottes ist. Diese innere Verbindung von Bedrängniserfahrung, sozialer Armut und Einsatz für das Missionswerk führt Paulus zum christologischen Begründungszusammenhang des Reichtums Christi in seiner Armut: »Er (Christus), der reich war, wurde euretwegen arm, um euch durch seine Armut reich zu machen« (2 Kor 8,9).

Damit ist nicht notwendig gesagt, dass Paulus sich auf die sozialen Lebensbedingungen des irdischen Jesus bezieht. Vielmehr erinnert er an das Glaubenswissen der Korinther (»Denn ihr wisst«): Christus wurde durch seine Menschwerdung bis hin zum Kreuzestod »arm« (vgl. Phil 2,6–11) und hat dadurch die Glaubenden »reich« gemacht. Das »Reich-Sein« und »Arm-Werden« Christi hat also soteriologische Bedeutung und wirkt sich in den Gnadengaben der Gemeinde aus. Die soziale Konsequenz soll in der Spendenbereitschaft für die Armen in Jerusalem liegen. Sie ist deshalb nicht lediglich Ausdruck sozialer Wohltätigkeit, sondern ein äußeres Zeichen des Einsatzes für das soteriologische Werk Jesu Christi.
Auf derselben Linie liegt der Aufruf des Paulus zur Spendenbereitschaft an die Korinther in 2 Kor 9,8f: Es geht ihm um die Überzeugung der Korinther, dass Gott in überreichem Maße *alles* gibt, damit es *allen* zugute kommt (das Wort »alle«/»alles« kommt in V. 8 fünfmal vor). Das betrifft die Charismen ebenso wie die materiellen Gaben, die von Gott gewährt werden. Das Gnadenhandeln Gottes und das materielle Geben sollen zusammengehören und nicht als Gegensätze betrachtet werden. Deshalb betont Paulus hier ausdrücklich die »Autarkie«, ein stoisches Ideal menschlicher Freiheit und Eigenständigkeit, aber auch der Selbstgenügsamkeit, die deshalb kein Gegensatz zum Geben ist, sondern sich im Lichte der Freigebigkeit Gottes gerade in der Großherzigkeit auswirkt. Wie bedeutsam dieser Gedanke für Paulus ist, geht nicht zuletzt daraus hervor, dass er ihn in Aufnahme von Ps 111,9 (LXX) mit der »Gerechtigkeit Gottes« verbindet.

5. Soziale Probleme in Korinth

Im Verhältnis zur Verkündigung Jesu oder der Rezeption seiner Botschaft in der Evangelientradition scheint das Thema »Arm« und »Reich« bei Paulus, so weit wir bisher sehen, nicht gerade an vorderster Stelle zu stehen. Im Wesentlichen begegnet es im Zusammenhang der Kollekte für die Jerusalemer Gemeinde bzw. der persönlichen Situation des Apostels. Allerdings ist an seinem Engagement für die »Armen« in Jerusalem nicht zu übersehen, dass er ein äußerst sensibles Gespür für die soziale Verantwortung der Gemeinde hat und diese christologisch und ekklesiologisch begründet. In anderer Problemlage zeigt sich dies in der Gemeinde von Korinth.[34]

a) 1 Kor 1,26–31

Diese soziale Differenzierung zeigt sich in 1 Kor 1,26–31: Paulus spricht hier von wenigen Vertretern der Bildungsschicht, wenigen Einflussreichen und Repräsentanten der familiären Eliten, denen dann wohl in der Mehrheit die Kreise der Niedriggestellten gegenüberstehen. Sicher wäre es eine Verengung, wollte man in den Gebildeten und der Elite »Reiche«, und in denen, die nichts gelten, »Arme« sehen, denn die Bezeichnungen weisen über den sozialen Inhalt hinaus. Aber wenn Jer 9,22 als Hintergrund von 1 Kor 1,26–30 anzusehen ist (»Der Weise rühme sich nicht seiner Weisheit, der Starke rühme sich nicht seiner Stärke, der Reiche rühme sich nicht seines Reichtums«), ist der soziale Aspekt zumindest mitenthalten.

b) 1 Kor 11,17–34

Von größerer Bedeutung für die Gemeindepraxis in Korinth sind aber die Missstände beim Herrenmahl. Hier werden offenbar Unterschiede gemacht, die Paulus für eine Gefährdung des ekklesialen Konsenses hält. Sie betreffen nicht nur die Tatsache, dass die wohlhabenden Gemeindemitglieder zum Mahl zusammenkommen, bevor auch die ärmeren dazustoßen können, sondern auch die Speisen selbst, die man zu sich nimmt. Wenn Paulus davon spricht, ihm seien Nachrichten über gemeindeinterne Spaltungen zugetragen worden (1 Kor 11,18), handelt es sich offenbar besonders um diese sozialen Gegensätze, die allen christologischen und ekklesiologischen Kriterien fundamental widersprechen. Statuscliquen sind genau das Gegenteil von dem, was er in 1 Kor 12 als den Leib Christi beschreibt, in dem es kein Prestigedenken geben darf.

Mit seiner Kritik versetzt Paulus sich in die Situation der Unterprivilegierten und nimmt Partei für sie. Die Kreise, die im »Unterschiede-Machen« kein Problem sehen, werden von ihm auf ihren Gemeinsinn verpflichtet, die Armen sind das soziale Gewissen der ganzen Gemeinde. Auch wenn die Wohlhabenden ihre Häuser für die Gemeinschaftsmähler zur Verfügung stellen, haben sie sich so zu verhalten, dass diejenigen, die auf einem anderen sozialen Niveau leben, sich nicht abhängig fühlen.

Zusammenfassend lässt sich sagen: Das Thema »arm und reich« lediglich als ein Randthema bei Paulus zu betrachten, würde dem sozialen Engagement des Apostels nicht gerecht. Er bringt seinen Einsatz für die Armen mit seiner Kollekte für die Jerusalemer Gemeinde, die er selbst überbringen will, zur Geltung. Tendenzen, die dem sozialen Ausgleich zuwiderlaufen, kritisiert er in aller Schärfe.

Steht das Verhältnis von arm und reich auch nicht im Mittelpunkt seiner Theologie, so berührt es doch die Grundpfeiler seines Gemeindebildes und seines Christuszeugnisses: »Christus wurde euretwegen arm, um euch durch seine Armut reich zu machen« (2 Kor 8,9).

6. Reichtum – eine gute Gabe Gottes? – Die Stimme des 1. Timotheusbriefes

Die Pastoralbriefe (1/2 Tim; Tit) sind ein Zeugnis der Paulustradition im städtischen kleinasiatischen Milieu der dritten christlichen Generation.[35] Die Forschung ist sich einig darin, dass die Briefe nicht von Paulus selbst, sondern von einem uns unbekannten Autor verfasst wurden, der eine kon-

servative Richtung des Paulinismus vertrat. Die christlichen Gemeinden sind inzwischen auf dem Wege gesellschaftlicher Etablierung vorangeschritten, stehen vor der Frage ihrer Verhältnisbestimmung zur nichtchristlichen Umwelt und haben Strukturen angenommen, die zur Anschlussfähigkeit an die Gesellschaft geführt haben. Theologisch konnten sie auf geprägte Traditionen in Form von kerygmatischen Formeln, paränetischen Sammlungen und hymnischen Elementen zurückgreifen, die sich im Zuge der Neuformulierung der Botschaft des Paulus in seinem Traditionskreis gebildet hatten.
Ein gravierendes Problem werden in den Gemeinden Richtungsauseinandersetzungen mit gnostisierenden Lehren gewesen sein, denen der Autor die »wahre Lehre« entgegensetzt. Die »Irrlehrer« vertreten weltabgewandte asketische Auffassungen in Fragen der Ehe, sie revitalisieren aber auch Speisevorschriften, die Paulus selbst abgelehnt hatte. Mit Paulus und seiner Tradition sind vor allem ihre Positionen in Fragen der Eschatologie und Auferstehung unvereinbar.[36] Sie befinden sich offenbar »auf dem Weg zu einem der gnostischen Systeme des zweiten Jahrhunderts«.[37]
Das soziale Spektrum der Adressatengemeinden ist bereits sehr groß: Sklavenhalter und Sklaven (1 Tim 6,1f; Tit 2,9) sind ebenso vertreten wie Amtsträger, die für ihre Dienste entlohnt werden, Älteste mit guter Reputation sowie Handwerker (2 Tim 4,14), aber auch theologische Lehrer. Ein regelrechtes Fürsorgesystem, so z.B. zur Versorgung der Witwen (1 Tim 5,3–16), lässt auf gut organisierte Gemeinden schließen. Dass sich in ihnen auch bereits wirtschaftlich gut situierte Kreise befanden, geht vor allem aus den Warnungen vor den Gefahren des Reichtums hervor.

a) 1 Tim 6,3–10: Warnung vor der Geldgier

Bevor »Paulus« allgemein auf das Für und Wider des Reichtums zu sprechen kommt (1 Tim 6,17–19), stellt er in der Auseinandersetzung mit den »Irrlehrern« das Verhältnis von Genügsamkeit (autarkeia) und Geldgier (philargyria) in den Mittelpunkt. Vorausgesetzt ist die nicht weiter hinterfragte Praxis der Verkündigung als Erwerbsquelle (V. 5f): Den Falschlehrern wird vorgeworfen, sie instrumentalisierten die Frömmigkeit für gewinnorientierte Geschäfte. Die Kritik des »Paulus« richtet sich allerdings nicht gegen die Tatsache der Verkündigung als Erwerbsquelle an sich, sondern tiefergreifend gegen das vermeintliche Abweichen der Gegner von der orthodoxen Lehre. Diese *theologische* Auseinandersetzung wird auf *ethischer* Ebene, nämlich am Beispiel des legitimen und illegitimen Erwerbs, geführt. Die Botschaft nur um des Geldes willen zu vertreten war schon Paulus selbst angelastet worden (1 Kor 9,10–18; 2 Kor 11,7–9; 12,16–18), bezeichnet aber auch einen Vorwurf in der hellenistischen Umwelt gegen manche Kyniker. Der Verfasser der Pastoralbriefe benutzt die Praxis des Gelderwerbs mittels Verkündigungstätigkeit, um die Abweichler von der orthodoxen Lehre ethisch zu diskreditieren und so auch ihre theologische Kompetenz anzuzweifeln. Dabei hält er grundsätzlich an der positiven Wertung der Entlohnung für den Dienst an der Frömmigkeit fest, sofern sie mit Genügsamkeit verbunden ist, das Christuszeugnis unter der Praxis der Entlohnung für die Verkündigung nicht leidet und der Einsatz für das Evangelium außer Zweifel steht. Der Besitz wird grundsätzlich positiv gewertet, aber entscheidend ist, wie der Verkündiger mit ihm umgeht.

Das ist deshalb auch kein Widerspruch gegen die anschließende Kritik am Reichtum in 1 Tim 6,9: »Wer aber reich werden will, gerät in Versuchungen und Schlingen ...«. Denn hier geht es gerade um die Einstellung: Es ist anzunehmen, dass die Falschlehrer als Negativbeispiel für die Reichtumssucht im Hintergrund stehen; gleichwohl geht es dem Autor um den allgemeingültigen Hinweis auf die Grundgefährdung der ganzen Gemeinde. Die Christen werden nicht auf den Besitzverzicht verpflichtet, jedoch zur Genügsamkeit angehalten, die sich in der Zufriedenheit mit der hinreichenden Nahrung äußert. Dieses Motiv ist aus der biblischen Tradition bekannt,[38] besonders aber aus den Sorgensprüchen der Jesusüberlieferung (s.o. B.7.a). Es geht dem Autor um die Warnung vor dem Ehrgeiz des Reichwerdens (6,9), den er den »Irrlehrern« anlastet.

b) Vom rechten Gebrauch des Reichtums (1 Tim 6,17–19)

Der rechte Umgang mit dem Reichtum wird im Schlussgedanken des 1 Tim zum eigentlichen Thema. Er ist zwar Zeichen »dieses Äons« (V. 17) und steht damit unter der Begrenzung der Vergänglichkeit, aber das qualifiziert ihn noch nicht negativ. Das positive Verhältnis der Pastoralbriefe zur Welt bringt ja im Prinzip auch ein konstruktives Verhältnis zu den Möglichkeiten der Welt, und deshalb eben auch zum Reichtum mit sich. Das Kriterium für den rechten Umgang mit den Gütern der Welt ist freilich wohltätiges Handeln, darin verwirklicht sich der Christ. Das begründet der Autor schöpfungstheologisch: Da Gott die Güter der Welt in reichem Maße gewährt hat, kommt es darauf an, aus seiner Freigebigkeit die richtige Einstellung zum Reichtum zu finden und in reichem Maße zu teilen. Der 1 Tim-Autor betont das durch die mehrfache Hervorhebung des Wortes »plousios« in V. 17f (unsicherer Reichtum – Gott gibt reichlich – reich werden an guten Werken). Allerdings: Der Skopus der Mahnung liegt nicht auf dem *sozialen* Aspekt im Sinne von *Weltverantwortung*, sondern auf den *eigenen »guten Werken«* (V. 18). Es geht allein um die Heilszukunft des Begüterten aufgrund des Umgangs mit dem Reichtum. »Die einzige Gefahr des Reichtums wird darin gesehen, daß der Reiche seine Hoffnung auf ihn statt auf Gott setzt«.[39]

Fraglos legt der Briefautor damit eine verblüffend enggeführte und individualistische Sicht hinsichtlich der Reichtumsfrage an den Tag. Von der Forderung Jesu, alle irdischen Bindungen im Lichte des nahe bevorstehenden Gottesreiches aufzugeben, und seiner besonderen Zuwendung an die Armen ist hier nicht mehr viel zu spüren. Ebenso vermisst man beim 1 Tim-

Autor, der sich ja ausdrücklich mit Paulus identifiziert, den sozialen Charakter der Ekklesiologie des Völkerapostels. Das überrascht allerdings dann nicht, wenn man die schwierige innerkirchliche Lage der Gemeinden des Adressatenkreises betrachtet: In der Auseinandersetzung mit den gnostisierenden Weltverneinern sieht »Paulus« sich vor die Aufgabe gestellt, den Glauben an Gott und sein Schöpfungswerk zu stärken. Dieser Glaube schließt ein positives Verhältnis zu den Gütern dieser Welt ein; er eröffnet die Freiheit, die Möglichkeiten der Welt in Anspruch zu nehmen, ohne Hochmut und ohne Vergötterung des Reichtums, sondern immer mit Blick auf jenen Gott, der alles geschaffen hat.

E. Arm und reich im Jakobusbrief

Mit dem Jakobusbrief (Jak) treffen wir auf eine neutestamentliche Spätschrift, die neben dem Lukasevangelium das Thema »arm und reich« am intensivsten bedenkt und die soziale Botschaft Jesu in radikaler Konsequenz aufnimmt. Der Jak dürfte im gleichen Zeitraum entstanden sein wie das Mt- und Lk-Evangelium, also in den 80er Jahren des 1. Jh. n. Chr. Zwar handelt es sich bei der Verfasserangabe »Jakobus« wohl um eine Fiktion,[40] das mindert aber weder die konkrete Beziehung zwischen Briefautor und Adressaten noch den Realitätswert der angesprochenen Probleme.
Ein stringenter Aufbau des Jak ist angesichts seines paränetischen Charakters zwar nicht direkt erkennbar, dennoch lassen die Ermahnungen auf Grundfragen schließen, die für den Verfasser die Kriterien christlicher Existenz bilden und substantiell für einen gelebten Glauben sind. Diese liegen in erster Linie in der Wechselbeziehung zwischen Glaube und Werk (2,14–26), welche sich auf der lebenspraktischen Ebene in der Korrespondenz von Reden und Handeln darstellt (1,19–25; 3,1–12). Analog zur Zuordnung von Glaube und Werk stellt sich des Weiteren der Zusammenhang von Glaube und Weisheit als klärungsbedürftig dar (1,5–8; 3,13–18). Glaube und Weisheit als theologische sowie Glaube und Werk als anthropologische Grundkategorien sind deshalb die beiden Grundpfeiler, auf denen die Einzelthemen des Briefes basieren: die Mahnungen zur Bewährung der christlichen Existenz im Angefochtensein (1,2–12; 5,7–20) und zum inneren Zusammenhalt der Gemeinde (4,1–12). Durch dieses Themenspektrum zieht sich das Spannungsverhältnis von arm und reich (1,9–11; 2,1–7; 4,13–17; 5,1–6) wie ein roter Faden hindurch und wird zur entscheidenden Herausforderung der Gemeinde im Verhältnis zur nichtchristlichen Außenwelt, aber auch zum internen Zusammenleben.

1. Der Horizont: »Weisheit von oben – Weisheit von unten«

Der Jak mahnt zu Beginn, zur Bewältigung von Bedrängnissen um die Weisheit von Gott zu bitten (1,5–8). Im Mittelteil des Briefes wird diese Weisheit »von oben« der »nicht von oben kommenden Weisheit« gegenübergestellt (3,13–18). In der Dualität von »oben« und »unten«, von Freundschaft mit der Welt bzw. Feindschaft gegen Gott und Unterordnung unter Gott, von Stolz und Demut (4,4–8), von Gespaltenheit und Ganzheit (1,2–8) will der Autor mit seinen Verhaltensmaßregeln Orientierung schaffen. Wo die »Weisheit von oben« nicht mehr die Maßstäbe christlicher Existenz setzt, kommt es zu Spaltungen, Zwistigkeiten und sozialer Zerklüftung. Die große Gefahr besteht für die Adressaten darin, sich von den weltlichen »Werten« des Reichtums blenden zu lassen, dabei den Blick auf Gott

als den Anwalt der Schwachen und Armen zu verlieren und damit unheilvolle Polarisierungen in der Gemeinde herbeizuführen.
Schon in der ersten Ermahnungsreihe, der eine Basisfunktion für das ganze Schreiben zukommt, bringt »Jakobus« diesen neuralgischen Punkt zur Sprache.

2. Hoheit der Niedrigen – Vergehen der Reichen (Jak 1,9–11)

Die Frage nach dem Status von Armen und Reichen ist im Jak die erste Probe auf das Exempel christlicher Identität. Die jakobeischen Christen sind nach 1,2 Bedrängnissen als Folge der Annahme eines neuen Wertesystems ausgesetzt, das für sie Ausgrenzung und auch sozialen Abstieg zur Folge hat. Diesem Problem stellt sich der Autor in der Sprucheinheit 1,9–11 und versucht der Gemeinde nahezubringen, dass gerade der Arme der von Gott Geliebte ist. Bereits die Psalmen 37, 49 und 73 lassen den Armen als Angefochtenen in der Nähe JHWHs stehen, während der Reiche verworfen wird. Das ist der Leitgedanke, der es dem Autor ermöglicht, mit dem durch die Stellung in V. 9 hervorgehobenen »Sich-Rühmen« die widerspruchsvolle Situation der Adressaten theologisch zu bewältigen.
Wenn der »Niedrige / Arme« sich rühmen soll, kann er sich nur in Gott rühmen. Musste zu Beginn der Ermahnungsreihe die Aufforderung zur Freude in den Bedrängnissen (1,2) paradox erscheinen, so nun das Sich-Rühmen der »tapeinoi«. Damit sind wohl Arme gemeint,[41] die zu den sozialen Absteigern gehören und ihre Situation als Demütigung erfahren. Die Anfechtung des Glaubens, mit der Jakobus sein Schreiben einleitet (1,2), besteht für den Autor also nicht »im Glauben allein«, sondern hat eine wesentlich soziale Dimension. Die Entschiedenheit für einen einmal eingeschlagenen Weg, der gesellschaftlich zu einer Randexistenz führte, soll durch diese Mahnung gestärkt werden. Soziale Armut und Niedrigkeit in Status und Ansehen kommen in dem tapeinos zusammen.
Darauf reagiert der Autor mit seiner aus dem Glauben gewonnenen Perspektive: »Auch in Schwachheit, Leid und Niedrigkeit kann sich Gottes Gnade so erweisen, dass daraus wirklich Rühmenswertes entsteht«.[42] Der Glaubende soll das Potential seiner Krisensituation sehen: Ihm wird die »Höhe« vor Gott zugesagt, die die schwierige Gegenwart bewältigen lässt. Der Zuspruch der »Höhe« ist deshalb eine Heilsaussage, die den vor Gott geltenden Statuswechsel beschreibt. Wir erinnern uns an das Danklied Mariens: »Er stürzt die Mächtigen vom Thron und erhöht die Niedrigen« (Lk 1,52). Hinter dem Zuspruch der »Höhe« steht demnach eine soteriologische Deutung des Status der Höhe vor Gott, die paränetisch das Ziel verfolgt, die Diskriminierungserfahrung zu bestehen. Dem zweifelnden Bruder (vgl. 1,6) wird gesagt, dass er vor Gott ins Recht gesetzt *ist*, dass vor ihm andere Maßstäbe gelten als in der vermeintlichen Realität der gesellschaftlichen Wirklichkeit.
Der Jak-Autor hat einen ausgeprägten Sinn für hintergründige Ironie, ja

Sarkasmus in seinen Mahnungen (vgl. 4,9; 5,1). Er kann den Tonfall von einem Satz zum anderen wechseln. Diesen stilistischen Kunstgriff wendet er auch hier an. Der anschließend in V. 10a angesprochene Reiche ist wohl nicht ein Gemeindechrist (so dass hinter »der Reiche« [ho plousios] ein »Bruder« zu ergänzen wäre), denn der Briefautor verbindet mit den Reichen (plousioi) sonst Nichtchristen, die als Schmäher des christlichen Namens und als Unterdrücker tituliert werden (so in 2,6; 5,1–6). Die Erniedrigung, die über den Reichen ausgesprochen wird, ist in Korrespondenz zur dem Armen zugesprochenen »Höhe« eine forensische Aussage, für die das Urteil Gottes in Anspruch genommen wird. »Jakobus« weiß aus seiner jüdischen Tradition, dass Gott den Gebeugten aufrichtet, die Frevler (vgl. Ps 147,6) oder die Feinde des Frommen erniedrigt (Ps 55,20).

Das Verwerfungsurteil Gottes erfährt in V. 10bf seine reale Darstellung in den Bildern vom Vergehen der Natur. Das Motiv des verwelkenden Grases hat »Jakobus« aus Jes 40,6f aufgenommen: So wie die Blume verwelkt, »wenn der Atem des Herrn darüberweht« (Jes 40,7), so wird es auch dem Reichen ergehen. Die weit ausladende Darstellung des negativen Endes des Grases macht die Endgültigkeit des Scheiterns anschaulich: Der Reiche, der von außen gesehen »hoch« erscheinen mag, wird in Wirklichkeit kläglich untergehen.

Mit dieser prophetischen Negativverheißung und dem Zuspruch der Nähe Gottes zum Armen will der Autor plausibel machen, dass bedrängende Erfahrungen wie die der sozialen Entbehrung und Marginalisierung angesichts der Zuverlässigkeit Gottes nicht das letzte Wort sind, sondern die Perspektive des mit der Annahme des Christusglaubens vollzogenen Wertewechsels allenfalls zeitlich beeinträchtigen können. In seiner ersten Thematisierung des Arm-Reich-Problems will der Autor demnach aufbauend auf die bedrängte Gemeinde einwirken, indem er eine dem Armen zugutekommende soteriologische Aussage dem Verwerfungsurteil Gottes gegen den Reichen gegenüberstellt.

3. Glaube und Prestigegedanken (Jak 2,1–7)

Nach der theologischen Statusbestimmung von arm und reich im Kontext der in der Minderheitensituation zu bewältigenden Unterdrückung spricht der Briefautor in einem zweiten Schritt das Problem auf der innergemeindlichen Ebene an. Es geht in 2,1–7 um die Frage des Verhaltens der Gemeindechristen in der Begegnung mit Armen und Reichen. Die Positionierung im sozialen Spannungsfeld ist für Jakobus unmittelbar mit dem Glauben an Jesus Christus verbunden, der Glaube konkretisiert sich im Verhalten zum Armen und Reichen. Die konkrete Gemeindesituation, die in 2,2f beschrieben wird, ist auf ekklesialer Ebene die Probe aufs Exempel für die zu Beginn des Schreibens thematisierte Bewährung des Glaubens.

Die negativ formulierte Mahnung »Haltet euren Glauben ... nicht im Ansehen der Person« deutet darauf hin, dass hier entscheidende Defizite bei den Adressaten liegen. Auch und gerade im Bekenntnis zu Jesus Christus geht es nicht um den Glauben »an sich«, sondern darum, dass der Glaube im sozialen Handeln erkennbar wird. Das Problem besteht darin, ob die Gemeinde selbst dem Armen dieselbe Werteskala zugrundelegt wie die nichtchristliche Gesellschaft oder ob sie im Lichte des Christusglaubens anders handelt. Sie steht vor der Frage, ob sie angesichts des »Herrn der Herrlichkeit« qualitative Abstufungen zwischen einzelnen Menschen(gruppen) machen will. Für »Jakobus« gilt, dass die Christus-Ehre auch der Maßstab für die zwischenmenschliche Beziehung sein muss.[43]

Die Bedeutung dieses Grundsatzes wird in der gottesdienstlichen Gemeindesituation auf die Probe gestellt: »Jakobus« schildert einen »Fall« einer Behandlung zweier Menschen mit unterschiedlichem sozialen Status, die den Grundsätzen des christlichen Wertesystems widerspricht. Es kann offen bleiben, ob der Autor hier eine reale Situation beschreibt. Das ist freilich eher unwahrscheinlich, er konstruiert vielmehr einen fiktiven Fall, der aber nichtsdestoweniger ein Licht auf die tatsächlichen Verhältnisse in der Gemeinde werfen dürfte. Die Schilderung der Szenerie zeigt, dass es »Jakobus« allein auf das Verhalten der Gemeinde zu den beiden eintretenden Personen ankommt, ohne dass diese in ihrem Bezug zur Gemeinde näher bestimmt würden. Ob sie Christen sind oder nicht, bleibt zunächst unbestimmt (das klärt sich erst in V. 6).

Der Hauptaspekt ist das Verhalten der Gemeinde in der Schilderung des unterschiedlichen Empfangs der Gäste: Der eine wird hofiert, indem ihm ein bevorzugter Platz angeboten wird, der seinem öffentlichen Ansehen entspricht (so kann man das »setz dich hier auf den guten Platz«, d. h. den dir angemessenen Platz verstehen); dem anderen wird im Grunde überhaupt kein Platz zugewiesen, sondern dem Sprecher ist gleichgültig, wo er sich hinstellt oder hinsetzt (»Du kannst dort stehen oder setz dich zu meinen Füßen«). Der eine ist ein Reicher, der zwar hier noch nicht mit dem Begriff plousios bezeichnet wird, aber doch in seinem Erscheinungsbild den Eindruck eines Vertreters der reichen Oberschicht macht. Sein Gegenüber ist der Arme, der ptōchos, besonders ärmlich geschildert durch die Hervorhebung seiner schmutzigen Kleidung, die ihn als Bettelarmen erscheinen lässt (s.o. A.1). Vor allem die jeweilige Schilderung der Kleidung von beiden signalisiert den gegensätzlichen sozialen Status. Diese Unterscheidung und qualitative Differenzierung beider Personen wird durch die Satzstellung besonders hervorgehoben:

Wenn nämlich hineinkommt in eure Versammlung
   ein Mann, ein goldberingter, in einer Kleidung <u>prächtiger</u>
es kommt aber auch
   ein Armer in <u>schmutziger</u> Kleidung ...
ihr schaut <u>auf</u> aber, <u>auf</u> den in prächtiger Kleidung
ihr sagt aber dem Armen ...: setz dich <u>unter</u> die Fußbank ...

Zu Beginn des Schreibens hatte »Jakobus« auf die Gefährdung des Glaubens durch mangelnde Eindeutigkeit, den inneren Zwiespalt in der äußeren Bedrängnis hingewiesen (vgl. 1,6). Die Gespaltenheit des Christen wird hier in 2,2f gemeindeintern in der Gottesdienstsituation (!) am diskriminierenden Verhalten dem Armen gegenüber demonstriert. Das griechische Wort diakrinesthai, das der Verfasser in 1,6 und 2,4 verwendet, kann beide Bedeutungen haben: »Unterscheidungen vornehmen« und »mit sich im Streit sein«. Das Unterschiede-Machen in der Bevorzugung des einen und der Diskriminierung des anderen spiegelt ebenso eine mangelnde Eindeutigkeit zu den aus dem Christusglauben hervorgehenden Grundsätzen wider, wie das »Mit-sich-im-Streit-Liegen« (1,6). Parteiisch zu handeln widerspricht dem Glauben an Gott, der kein Ansehen der Person kennt, zumal der Begriff »parteiisch handeln« seinen Hintergrund in der Gerichtspraxis hat und damit ein Urteil einschließt.
Erst auf dem Hintergrund der kritisierten Gemeindepraxis geht »Jakobus« nun zu seinem Angriff auf die Reichen über (2,5f), den er dezidiert erwählungstheologisch begründet (2,5), um dann noch einmal auf die Kritik an der Gemeinde zurückzukommen. »Jakobus« macht hier ebenso wie in 1,9–11 zunächst eine soteriologische Aussage. Hatte er diese dort im Schema »Erniedrigung-Erhöhung« zum Ausdruck gebracht, so hier im Gegenüber von »Arme in den Augen der Welt« – »Erwählung zu Reichen im Glauben«. Damit generalisiert er auch den Sachverhalt: Er spricht nicht mehr von dem Armen aus dem Fallbeispiel, sondern von »*den* Armen« in den Augen der Welt. Er hat die verarmten Kreise im Blick, die von der Welt diskreditiert werden. Ihre »Armut« besteht nicht nur im Urteil der Welt, so dass die Armut lediglich im Sinne einer Metapher für mangelndes Ansehen o.ä. zu verstehen wäre, sondern sie sind tatsächlich so arm wie der Mensch in Bettelkleidung aus dem Fallbeispiel. »Jakobus« sagt eindeutig, welche Würdigung ihnen die Welt zuteil werden lässt und wie Gott zu ihnen steht. In der Sache ist das analog zu 1,9 (»der Arme rühme sich seiner Höhe«) zu verstehen: »Jakobus« trifft hier eine soteriologische Aussage und begründet sie im Erwählungshandeln Gottes.
Dass Gott sich der Armen und Schwachen besonders annimmt, ist gute jüdische Tradition (s.o.); dass sich sein *Erwählungshandeln* auf die *Armen* richtet, findet nur bei Paulus eine gewisse Entsprechung in 1 Kor 1,27f (s.o.). So sehr die Erwählungstheologie hier zwar die Armen würdigt, so wenig macht der Verfasser allerdings aus ihnen eine exklusive Sondergruppe von Frommen. Sie werden in keiner Weise religiös »überhöht«, sondern der Gemeinde, die sich konträr zum Erwählungshandeln Gottes verhält, wird nachhaltig in Erinnerung gerufen, welche Würde den Armen von Gott zugesprochen wird: Als Reichen im Glauben wird ihnen die Erbschaft des Reiches Gottes zugesagt. Damit befinden wir uns dann ganz in der Nähe der ersten Seligpreisung Jesu (s.o. B.3).
Es sei ein Fazit gezogen: Die Thematik »arm und reich« ist in der Adressatenschaft des Jak ein Identitätsproblem insofern, als der christlichen Ge-

meinde in 2,1–7 vorgehalten wird, dass sie von den aus dem Christusglauben hervorgehenden Wertmaßstäben abweicht, wenn sie die Erwählung der Armen durch Gott einer zweifelhaften Verbeugung vor den Reichen unterordnet. Das wiegt umso schwerer, da die Reichen sich als Unterdrücker der Armen darstellen und den Namen der Christen entehren.

4. Wider das Plänemachen der Geschäftsleute (Jak 4,13–17)

Im Spannungsfeld von arm und reich und der damit verbundenen sozialen Spaltung sieht der Jak-Autor die entscheidende Gefahr für die Identität und Stabilität der Gemeinde. Der Identitätsstärkung gilt die Vergewisserung der »Höhe« der Niedrigen, der Warnung vor dem Verlust des Solidaritätsgedankens und des sozialen Zusammenhalts dient das »Fallbeispiel« in Jak 2,2f und die anschließende Negativzeichnung der Reichen. Besteht die Gemeinde also im Wesentlichen aus ärmeren Kreisen, ist die jakobeische Gemeinde eine »Gemeinde der Armen«?

Wenn man im Jak weiterliest, wird sehr schnell klar, dass die Problemlage der jakobeischen Christenheit komplexer ist. Offenbar gibt es auch *innerhalb* der Gemeinde ein beträchtliches soziales Gefälle, finden sich im Adressatenkreis neben denen, die in bescheidenen Verhältnissen leben oder zu den Armen gehören, besser gestellte Geschäftsleute als eine wahrnehmbare Gruppe, deren Verhalten korrekturbedürftig ist. Ihnen erteilt der Autor Weisungen, wie im Interesse des sozialen Ausgleichs mit dem erwirtschafteten Vermögen umzugehen ist (4,17).

Schon in Jak 4,1–4 klingt das Problem an, dass sich Teile der Gemeinde in materiellem Begehren aufreiben: »Ihr begehrt, und erhaltet doch nichts« (4,2). Es gibt (offenbar gar nicht so wenige) Leute, die die Güter der Welt allein für sich begehren, um sie dann zu verschwenden und sich damit den Mechanismen der Welt anzupassen (4,4). Vielleicht spricht »Jakobus« hier zu Leuten, die aus ihrer Unterprivilegierung herausgekommen sind und nun zu den Vermögenden zu stoßen suchen, aber noch nicht zu ihnen gehören.

Mit den Geschäftsleuten, die ihren Handel treiben (4,13), sind wir dann aber bei tatsächlich Vermögenden innerhalb der Gemeinde, das setzt sicher die »Conditio Jacobaea« 4,15 voraus. Man darf sie sich nicht als Großgrundbesitzer oder Vertreter der sozialen Oberschicht vorstellen, allerdings ist auch nicht nur an kleine Handwerker zu denken, die herumreisten, um sich so ihren Unterhalt zu verdienen. Eher dürfte es sich um Kaufleute oder Lokalhändler handeln, die es schon zu etwas gebracht haben und ihr Vermögen durch den Handel in den größeren Städten zu steigern versuchten. »Jakobus« kritisiert sie nicht wegen ihres Vermögens und bezeichnet sie vielleicht ganz bewusst nicht als »Reiche« (plousioi) – diese Identifikation behält er den außerchristlichen Reichen vor, die die Armen unterdrücken, ihren Christennamen schmähen und sie als Arbeiter auf ihren Feldern ausbeuten (2,6f; 5,1–6). Er stimmt auch nicht in die in der Antike durchaus verbreitete Negativbewertung des Handelns ein,[44] verwirft diese Tätigkeit also nicht grundsätzlich, sondern prangert das Selbstverständnis der Geschäftsleute an, das nur auf sich selber baut, die eigene Begrenztheit übersieht und sich in eigenmächtiger Prahlerei ergeht. Die Fixierung auf Gewinnmaximierung verfehlt das Leben und verliert den Blick für die Selbstbescheidung als angemessene Grundhaltung vor Gott. Das entscheidende Argument gegen die Plänemacher ist keine »soziale« These oder Korrektur, sondern entspringt der Erfahrungsweisheit, dass das Leben sehr fragil ist.

Die jüdische Weisheitsliteratur spricht verbreitet von der Ungewissheit des Lebens insgesamt oder zumindest des morgigen Tages,[45] aber auch die außerchristliche antike Literatur weiß über die unterschiedlichen Gattungen hinweg um die Kürze des Lebens mit seinen Ungewissheiten;[46] teils äußert sich das mit einem skeptischen, teils geradezu sarkastischen Grundtenor.[47] Jak sieht die Unverfügbarkeit des Lebens aber keineswegs negativ, sondern richtet den Blick auf den Gotteswillen, der über dem Menschen steht.[48] Freilich schärft der Jak-Autor in seiner direkten Anrede an die Kaufleute den Blick für den Zusammenhang von Besitz bzw. Gewinnstreben einerseits und Gottvergessenheit bzw. Selbstüberschätzung andererseits. Die Dualität von Gott und Welt ist auch hier leitend für seine Argumentation. Die Fixierung auf den Besitz führt zwangsläufig zur übermächtigen Prahlerei (V. 16), die soziale Verantwortung sowie das Tun des Guten geraten aus dem Blickfeld. Darüber wird folglich das Verdikt der Sünde gesprochen. Sie führt nach Jak 1,15 zum Tod, d. h. zur letzten Entfremdung von Gott. Was in 1,15 auf die Begierde allgemein zurückgeführt wurde, wird hier mit dem Besitzdenken verknüpft. Die Sentenz 4,17 hat deshalb weniger paränetischen Charakter als vielmehr forensische Bedeutung.

Daraus wird ersichtlich: Im Adressatenkreis des Autors hat es offenbar vermögende Christen gegeben, wenn auch wahrscheinlich keine Vertreter der wirtschaftlichen Oberschicht. »Jakobus« prangert ihr Lebensverständnis an, weil es die Vergänglichkeit und die Flüchtigkeit des Lebens verkennt, auf das eigene Prestige und Geschäftemachen fixiert ist und die »sozialen Aufsteiger« nicht mehr nach dem Gotteswillen fragen. Stattdessen ist das Besitzdenken in den Vordergrund gerückt, das von der ständigen Suche nach dem »Mehr« getrieben ist. Dieses Begehren ist zwar ein generelles Problem in der Gemeinde (4,1–3), aber der Zusammenhang von Vermögen und stetigem Gewinnstreben auf Kosten sozialer Verantwortung äußert sich bedrohlich bei denen, die es zu Wohlstand gebracht haben. Über sie spricht »Jakobus« zwar nicht ein generelles Verdikt wie über die Reichen (vgl. 1,10; 2,6; 5,1–6) aus, aber er sieht in ihrem Lebensverständnis eine Gefahr für die Gemeinde.

Sachlich steht Jak hier in der Nähe zu Lk, der im Gleichnis vom Kornbauern (Lk 12,16–21) auf die Gefährdung des Menschen durch den erwirtschafteten Reichtum aufmerksam macht und mit dem Bauern, der meint, durch Anhäufung von Gütern das Leben sichern zu können, dabei aber Gott aus dem Auge verliert, scharf abrechnet (s.o. C.2.e).

5. Gerichtsankündigung gegen die Reichen (5,1–6)

Mit einer prophetischen Scheltrede treibt der Jak sein Verdikt gegen die Reichen auf die Spitze. Die direkte Anrede »Wohlan denn, ihr Reichen« (plousioi) verbindet den Abschnitt zwar mit dem vorhergehenden (4,13: »Wohlan denn ihr, die ihr sagt ...«), die Adressatengruppen sind aber keineswegs die gleichen. Dagegen spricht der Kontrast, der zwischen beiden Abschnitten durch das »Sich-Rühmen« in 4,16 (das im Indikativ steht: »nun aber rühmt ihr euch ...«) und die sarkastische Aufforderung zum Weinen und Klagen über das sicher kommende Elend in 5,1 hergestellt wird. Hatte die Kritik an den Handelsleuten noch paränetischen Charakter, so tritt an dessen Stelle nun das Verwerfungsurteil.
Die Reichen, über die das Urteil der völligen Aussichtslosigkeit gesprochen wird, sind nicht in der Gemeinde zu suchen; es sind eher genau diejenigen, die der Briefautor schon in 2,6f seinen Adressaten als Negativbeispiel vorgehalten hatte, um die Gemeinde vor ihnen eindringlich zu warnen. Gewiss, auch den Christen kann »Jakobus« sarkastisch den Imperativ vom Weinen und Trauern zurufen (4,9), dort aber mit der Intention der Verhaltensänderung. Dieser paränetische Grundton fehlt in der Reichenpolemik 5,1–6. Das Schicksal der Reichen *ist* besiegelt. Die Sprache und Vorstellungswelt dieser Verdikte ist in der biblischen und außerbiblischen Literatur reich belegt:

6 Schreit auf, denn der Tag des Herrn ist nahe; er kommt wie eine zerstörende Macht vom Allmächtigen (Jes 13,6).
4 Hört dieses Wort, die ihr die Schwachen verfolgt und die Armen im Land unterdrückt. 10 Ich verwandle eure Feste in Trauer und all eure Lieder in Totenklage. Ich lege allen ein Trauergewand um und schere alle Köpfe kahl. Ich bringe Trauer über das Land wie die Trauer um den einzigen Sohn, und das Ende wird sein wie der bittere Tag (Am 8,4.10).

Der Verfasser belässt es aber nicht bei einer Pauschalpolemik, sondern geht ins Detail: Der Vorwurf an die Reichen, den Arbeitern den Lohn vorenthalten zu haben, ist eine Verletzung des Gebotes Dtn 24,14f, den Lohn für die Armen noch am Tag auszuzahlen; es geht hier allerdings nicht mehr um eine Mahnung zur positiven Veränderung, die noch aus dem Vorwurf der ungerechten Entlohnung spricht. Die Reichen werden hier vielmehr dem völligen Verwerfungsverdikt unterworfen, wie die herangezogenen Bilder verdeutlichen: Das Motiv vom Mottenfraß begegnet im Anschluss an das dritte Gottesknechtslied (Jes 50,9) und in der Mahnung des Propheten, die Beschimpfungen der Menschen auszuhalten: »Denn man frisst sie, wie die

Motte das Kleid ...« (Jes 51,8). Drastisch schleudert das apokalyptische äthiopische Henochbuch den Reichen das »Wehe« entgegen:

Wehe euch Reichen, denn ihr habt auf euren Reichtum vertraut, aber aus eurem Reichtum werdet ihr heraus müssen, weil ihr in den Tagen eures Reichtums nicht an den Höchsten gedacht habt (1 Hen 94,8).

Wehe euch, ihr Sünder, denn euer Reichtum lässt euch als Gerechte erscheinen, aber euer Herz beweist euch, dass ihr Sünder seid, und diese Rede wird euch gegenüber ein Zeugnis sein zur Erinnerung eurer Bosheiten (1 Hen 96,4).

Wehe euch, ihr Mächtigen, die ihr mit Gewalt den Gerechten niederdrückt, denn der Tag eurer Vernichtung wird kommen (1 Hen 96,8).

Ähnlich kritische Töne finden sich auch in der hellenistischen Popularphilosophie.[49]
Der Jak steht demnach mit seiner Anklage in einem breiten Strom der Reichenkritik. Damit entbehrt der Abschnitt aber keineswegs der konkreten Situation. Reagiert der Autor im vorausgehenden Abschnitt auf konkrete Handlungsweisen seiner wohlhabenden Gemeindemitglieder, so verlässt er mit seiner Anklage auch hier nicht den Boden der Erfahrungsrealität.
Die Sprache und Symbolwelt legen die Missstände offen: Die Reichen werden wegen ihres Reichtums angeklagt: es ist von ihrem Gold, Silber und ihren Schätzen die Rede, von den Kleidern als Ausdruck des Reichtums, vom schreienden Unrecht gegen die Arbeiter, von Schlemmerei, Prasserei und – symbolträchtig genug – vom »Mästen« der Herzen. Es geht dabei nicht nur um ausbeuterisches Handeln an den Abhängigen im äußeren Vollzug, sondern besonders um die dahinterstehende Gesinnung. Dem entspricht die Sprache, die das Verdikt über die Reichen zum Ausdruck bringt: Sie sollen weinen, klagen, ihr Besitz ist verrostet, ihr Unrecht »schreit« zum Himmel, ihr Rost »frisst« ihr Fleisch und wird zum Zeugnis gegen sie; ihr Zustand lässt sich nur mit dem Begriff »Elend« umschreiben. Das alles ist nichts als eine prophetische Trauerklage, die dem »Wehe« der prophetischen Tradition gleichkommt und das vollzogene Urteil über jene ausspricht, die die Abhängigen ausgeplündert haben und auch nicht davor zurückschrecken, die Armen umzubringen (vgl. auch den Zusammenhang vom »Gerechten« und »Armen« in Weish 2,10f).

6. Arm und reich im Jakobusbrief (Zusammenfassung)

Überschauen wir von hier aus die Aussagen des Jak zu arm und reich, so ergibt sich eine in sich stimmige innerbriefliche Entwicklung:
Der Briefautor sah in 1,9–11 das Spannungsverhältnis von arm und reich,

besonders die Erfahrung der Erniedrigung der Gemeindechristen, als Teil einer umfassenden inneren Bedrängnissituation an. Er versuchte mit dem ausgeführten Gegensatz von Erniedrigung und Erhöhung seine Adressaten zu stärken und sie auf ihrer Identitätssuche zu stützen. Einen Schritt weiter geht er in 2,1–7: Dort geht es um eine andere Gefährdung der Gemeinde: das »Hofieren« der Reichen trotz negativer Erfahrung mit genau diesem (außerchristlichen) Personenkreis und die damit verbundene faktische Demütigung der Armen.

Eine andere Problemlage geht aus 4,13–17 hervor, wo »Jakobus« auf das »hausgemachte« Problem des Besitzes und des »Mehr-Haben-Wollens« aufmerksam macht. Er will seine christlichen gesellschaftlichen Aufsteiger dazu ermahnen, den Blick für das Gute zu bewahren und sich nicht zu versündigen. Die Scheltrede in 5,1–6 greift auf 1,10f mit seiner ironisierenden Mahnung an die Reichen zum »Sich-Rühmen« angesichts ihrer Bedeutungslosigkeit vor Gott zurück, knüpft an das Negativbeispiel der Reichen in 2,6f an und kulminiert in der Scheltrede prophetischer Klage gegen sie. Die christlichen Adressaten sollen ähnlich wie in 1,9–11 mit der Botschaft des Vergehens der Reichen auf ihrem Weg gestärkt werden. Insofern korrespondiert die Mahnung zur Geduld in 5,7ff mit der Ermutigung zum Durchhalten in der Bedrängnis zu Beginn des Schreibens (1,2ff). So schafft »Jakobus« mit der Thematik »Arm – Reich« einen theologischen und paränetischen Zusammenhang, der die christlichen Adressaten zur Abgrenzung von den Reichen befähigen, zur sozialen Verantwortung ermutigen und zur konsequenten Befolgung ihres eingeschlagenen Glaubenswegs führen soll. Das Spannungsfeld von »arm und reich« ist deshalb für den Jak ein eminent theologisches und ekklesiologisches Thema, da »Jakobus« Glauben und Praxis als eine Einheit versteht.

F. Die Armen als Zeichen der Endzeit: Das Zeugnis der Johannesoffenbarung

1. Zwei Gegenpole: Die Gemeinden von Smyrna und Laodizea

Die Johannesoffenbarung wirft ein Schlaglicht auf die kleinasiatische Christenheit in der Zeit des Kaisers Domitian (81–96 n. Chr.). Johannes will die bedrängten Gemeinden davon überzeugen, dass die römische Staatsmacht nur noch kurze Zeit ihr Unwesen treiben kann und kurz vor dem Zusammenbruch steht. Um so wichtiger ist es, dass die Christen jegliche Verbindung mit den Heiden verweigern, nicht an ihren Festen teilnehmen, den Kaiserkult ablehnen und sich nicht in gesellschaftliche Verflechtungen hineinbegeben, auch wenn das Opfer kostet.

Das Ideal ist für ihn die Gemeinde von *Smyrna* (Offb 2,8–11), die die Bedrängnisse (von jüdischer Seite) aushält. Ihr wird Lob zugesprochen: »Ich kenne deine Bedrängnis und Armut – aber du bist reich ...« (2,9). Wie bei Paulus in 2 Kor 6,10; 8,2–9 verbinden sich hier realistische und metaphorische Sichtweise in der Opposition »arm-reich«. Es ist gut vorstellbar – allerdings haben wir keinerlei Informationen über die soziale Situation der Adressatengemeinden der Offb –, dass sich die Christen im Interesse ihrer eigenen Identität aus dem prosperierenden wirtschaftlichen Leben der Städte heraushalten mussten und so zwangsläufig zu sozialen »Absteigern« wurden. Ihnen ruft der Apokalyptiker zu, dass ihre Armut allenfalls ihren äußeren Status wiedergibt, aber dass sie vor Gott reich sind (vgl. Jak 1,9; 2,5).

Umgekehrt stellt sich die Situation der Gemeinde in *Laodizea* dar: Die Stadt, die nach dem Erdbeben Anfang der 60er Jahre des 1. Jh. auf jegliche Aufbauhilfe von außen verzichten konnte (Tac Ann 14,27), ist mit ihrer Wollindustrie, ihrem Bankenwesen (Cic ad Atticum 5,15) und ihrer Arzneiindustrie wohlhabend. An diesem Wohlstand hat offenbar die christliche Gemeinde partizipiert, allerdings droht sie deshalb in der Sicht des Johannes, ihre Entschiedenheit für den Christusglauben aufzugeben. Ihre Kompromissbereitschaft mit der Gesellschaft, die einfach darin liegen kann, dass sich die Christen am wirtschaftlichen Leben beteiligten, ist ihre eigentliche Bedrohung, ihr Reichtum ist in Wirklichkeit ihr »Elend«. Die Mahnung in 3,18, geläutertes Gold, weiße Kleider und wirkliche Heilsalbe zu kaufen, spielt auf das an, was die Stadt reich gemacht hat: das Bankenwesen, die Wollindustrie und die ärztliche Heilkunst. Erst wenn die Gemeinde zum Reichtum des Glaubens zurückkehrt, wird sie Gemeinschaft mit dem wiederkommenden Christus haben.

In der Sache befinden wir uns mit den Nuancierungen des Bedeutungsinhaltes von arm und reich in der Nähe der paulinischen Aussagen in 2 Kor 6,10; 8,2–9. Allerdings verwendet der Apokalyptiker Johannes diese Begriffe, um sein Hauptziel zu erreichen, die Gemeinden von jeglicher Annäherung an die nichtchristliche Gesellschaft fernzuhalten und in aller Eindeutigkeit des Christusglaubens die eigene Identität zu wahren.

2. Armut und Hunger als Zeichen der Endereignisse (Offb 6,5f)

Auch wenn die Begriffe »Arm« und »Reich« beim Szenario der Öffnung der sieben Siegel nicht ausdrücklich genannt werden, steht die Sache selber im Hintergrund: Die Verarmung der breiten Masse der Menschen ist Zeichen des Anbruchs der Endereignisse. Bei der Öffnung des dritten Siegels hört der Apokalyptiker das dritte Lebewesen rufen: »Komm! Da sah ich ein schwarzes Pferd; und der, der auf ihm saß, hielt in der Hand eine Waage«. Im weiteren Verlauf wiegt der dritte apokalyptische Reiter (6,5f) die bei der bevorstehenden Hungersnot jedem zukommende Nahrungsration. Die vom Apokalyptiker gehörte Stimme bietet die Nahrungsmittel Weizen und Gerste allerdings so überteuert an, dass diejenigen, die in bescheidenen Verhältnissen leben, nicht mehr in ihren Genuss kommen. Die teuren Nahrungsmittel Öl und Wein, die sich nur die Bessergestellten leisten können, sollen dagegen verschont bleiben. Die Folge dieses Szenarios ist, dass die kleinen Leute von dem zum Leben Notwendigen abgeschnitten werden, die Begüterten dagegen in ihrem Gebrauch der teuren Nahrungsmittel keiner Beeinträchtigung unterliegen.

M.a.W.: Das Auseinanderklaffen der Schere zwischen arm und reich ist Zeichen des Enddramas, das nicht mehr lange auf sich warten lässt, und die entscheidende Perspektive für die Unterdrückten, die auf das Eingreifen Gottes und das Kommen Christi sehnlich warten, eröffnet. Gott und der wiederkommende Christus werden sich auf die Seite derer stellen, die jetzt unter der Verarmung und Unterdrückung leiden.

Damit tröstet das letzte Buch der Bibel die Armen und Leidenden und lässt sie auf Gott als Anwalt der Schwachen hoffen. Hier wird noch einmal unterstrichen, was schon die Seligpreisungen Jesu sagten: Den Armen gehört das Reich Gottes.[50]

Dialog

Altes Testament

Ulrich Berges

Dem Ansatz dieser Reihe entsprechend sollen die Dialogseiten dazu dienen, die Perspektiven des Alten und Neuen Testaments auf das jeweils gemeinsame biblische Thema – nach der Lektüre des anderen Teils – nochmals zu schärfen: eine nicht leichte, aber vielleicht doch lohnende Aufgabe!

1. Das Thema »arm und reich« stellt eine Problematik vor Augen, die beide Testamente gleichermaßen prägen. Dies kann nicht verwundern, ist doch das jüdisch-christliche Glaubensverständnis zutiefst von der Weltbezogenheit JHWHs als Schöpfer und Befreier überzeugt. Weder die Theozentrik in den Schriften des Alten noch die Christozentrik in denen des Neuen Testaments macht die gesellschaftliche Differenzierung von arm und reich vergessen. Im Gegenteil: Das theologische Anliegen beider Schriftensammlungen, den Heilswillen und die Heilsmächtigkeit JHWHs durch sein erwähltes Volk Israel und seinen erwählten Knecht Jesus von Nazareth zu bezeugen, stößt unweigerlich auf die gesellschaftliche Problematik von arm und reich und muss sich mit ihr auseinandersetzen. Daran hat sich seit dem Beginn der literarischen Produktion im biblischen Israel vor ca. 2800 Jahren über die Schriften der entstehenden frühchristlichen Gemeinden bis in die heutige Verkündigungspraxis nichts geändert.

2. Um den gewünschten Dialog beider Testamente zu diesem Thema zu konturieren, stelle ich die kanonischen Teilsammlungen schlaglichtartig nebeneinander, wobei die Gewagtheit dieses Unternehmens eigens betont werden soll. Das Alte Testament besitzt eine reiche Begrifflichkeit von Armut und den Armen, was die Dringlichkeit des Problems augenfällig unterstreicht. Insbesondere die Gesetzessammlungen innerhalb der mosaischen Tora sprechen nicht allein von den Armen, sondern entwickeln Systeme der Armutsbekämpfung, um das Proprium Israels als das Volk der von JHWH Befreiten im Land der Verheißung nicht zu verraten. JHWHs Hinwendung zu den Armen gründet nicht in deren materieller Bedürftigkeit als solcher, sondern im darin angelegten Anspruch auf seine rettende Gerechtigkeit. Anders gesagt: Die Armen stellen keine eigene Kategorie der Frommen dar, sondern sind eine auch begrifflich differenzierte Gruppe in Israel, die der Befreiung und des Schutzes besonders bedarf. Als Volk, das sich der Befreiung JHWHs aus der Sklaverei Ägyptens verdankt, ist die Geschwisterlichkeit in sein kollektives Gedächtnis eingeschrieben, das in der mosaischen Tora zum Gotteswillen geworden ist. Auch für Jesus impliziert die Armut kein besonderes Gottesverhältnis, doch aktualisiert sich in seiner Zuwendung zu den Marginalisierten das Reich der Himmel, die heilende, befreiende und rettende Gegenwart JHWHs. Dort, wo sich der Gottesmann aus Nazareth in der Nachfolge des prophetischen Moses und des königlichen Davids der Armen annimmt, sind Ausgrenzung und Diskriminie-

rung überwunden und ereignet sich das, was Reich Gottes konkret bedeutet. Wenn Jesus für die Nachfolge im engeren Sinne die Freiheit von Besitz und materiellen Gütern thematisiert, so verweist er damit auf den Schöpfer, auf dessen Fürsorge einziger Verlass ist. Diese radikale Offenheit dem himmlischen Vater gegenüber liegt auf einer Linie mit der alttestamentlichen Armenfrömmigkeit, bei der die so Vertrauenden von sich nichts, von JHWH dagegen alles erhoffen.

3. Die Verwurzelung der Evangelien-Traditionen beim Thema »arm und reich« in den prophetischen Schriften Israels fällt besonders bei Lukas stark ins Gewicht. Die Parallele vom Lobgesang Marias (Lk 1,46–55) zum Danklied der Hanna (1 Sam 2,1–10) unterstreicht eine Glaubenshoffnung im Gottesvolk, dass JHWH die Macht der Mächtigen zerbrechen und die Niedrigen erhöhen wird. Weder die Geburt Samuels noch die Jesu liefert das Fanal für einen politischen Klassenkampf, wohl aber markieren sie eine Gotteslogik (»Theo-logie«), die alles andere als die Zementierung des Status quo zum Ziel hat. Im Auftreten Johannes des Täufers (Lk 3,10–14) liegt ein prophetischer Ruf zur Umkehr, der die Zuhörer nicht zu heroischem Altruismus anstiften will, sondern zu einer Haltung verantwortlicher Solidarität und Gerechtigkeit. Wenn der lukanische Jesus auf dem Hintergrund von Jes 61,1f seine öffentliche Tätigkeit für das Reich Gottes aufnimmt und dabei die Armen, Gefangenen und Gebeugten in den Vordergrund stellt (Lk 4,16–30), konkretisiert sich in ihm die Verkündigung des kanonischen Jesaja und mit ihm aller Propheten seit Moses. Der »Strategiewechsel« zwischen dem geforderten Besitz- und Vorsorgeverzicht bei der Aussendungsinstruktion in Lk 10,4 und der gegenteiligen Beauftragung in Lk 22,35f (»Jetzt aber soll der, der einen Geldbeutel hat, ihn mitnehmen, und ebenso die Tasche. Wer aber kein Geld hat, soll seinen Mantel verkaufen und sich dafür ein Schwert kaufen« Lk 22,36), erinnert in seiner dramatischen Zuspitzung an die proto-apokalyptischen Aussagen im Jesajabuch, in denen die Armen nicht nur als passive Empfänger des göttlichen Heils, sondern als aktive Agenten desselben dargestellt werden, wenn sie die hochmütige Stadt unter ihren Füßen zertreten (Jes 26,6).

4. Wenn in der paulinischen Theologie die Problematik von »arm und reich« auch nicht im Mittelpunkt steht, so entwickelt der Apostel seine Christologie und Ekklesiologie doch in kreativer Auseinandersetzung mit dieser sozialen Wirklichkeit. Von seiner Herkunft aus der Mittelschicht der hellenistisch-römischen Stadtgesellschaft kennt er die Verpflichtung und den Nutzen eigenen Arbeitens, um sich den täglichen Unterhalt zu sichern und selbst als Verkündiger der Gemeinde nicht zur Last zu fallen: »Wer nicht arbeiten will, soll auch nicht essen. Wir hören aber, dass einige von euch ein unordentliches Leben führen und alles Mögliche treiben, nur nicht arbeiten« (2 Thes 3,10b–11). Diese positive Einstellung der Arbeit gegenüber ähnelt der sprichwörtlichen Weisheit, die Fleiß und Selbstdisziplin hoch schätzt, um der Armutsfalle zu entgehen (vgl. Spr 10,4f; 12,24; 13,4 u.ö.). Theologisch bedeutsamer ist die paulinische Weigerung, die soziale Zer-

klüftung in der Stadtgesellschaft seiner Zeit als ein Faktum anzuerkennen, das auch dem Herrenmahl der christlichen Gemeinde seinen Stempel aufdrückt (1 Kor 11,17–34). Dies erinnert an die Geschwisterethik des Deuteronomiums, welches die gemeinsame Festfeier als Kristallisationspunkt des solidarischen Gottesvolks vor Augen führt (vgl. Dtn 12,7.12.18f; 14,26f; 16,13ff). Das Paradox eines die Schwachheit erwählenden Gottes, der so seine einzigartige Macht unter Beweis stellt (1 Kor 1,26–31), bildet die Grundlage der paulinischen Christologie – »Er, der reich war, wurde euretwegen arm, um euch durch seine Armut reich zu machen« (2 Kor 8,9) – und ist durch die Gestalt des gedemütigten und erniedrigten Gottesknechts wesentlich vorgeprägt (Jes 53).

5. In den Pastoralbriefen (1/2 Tim; Titus) und im Jakobusbrief, der sich neben dem Lukas-Evangelium am intensivsten mit der Problematik von »arm und reich« im NT beschäftigt, steht die Warnung vor Reichtum und Geldgier an zentraler Stelle. Das schöpfungstheologische Argument, der Mensch bringe bei seiner Geburt nichts mit und gehe bei seinem Tod ebenso mittellos (1 Tim 6,7), nimmt weisheitliche Überlegungen aus den Schriften des AT auf (vgl. Ijob 1,21; Ps 49,18; Koh 5,14). Unter den wohl situierten Mitgliedern der christlichen Gemeinden im kleinasiatischen Milieu wurde das Streben nach Reichtum anscheinend zu einer immer größeren Versuchung. Nicht das vom guten Schöpfergott reichlich Gegebene, sondern das in dieser Welt selbst Erworbene wird zum Maßstab des Vertrauens (1 Tim 6,17–19). Der Refrain des Weisheitspsalms 49 gibt auf solch eine trügerische Sicherheit die einzig gültige Antwort: »Der Mensch in Pracht, doch ohne Einsicht, er gleicht dem Vieh, das verstummt« (Ps 49,21; vgl. V 13).

Neues Testament

Rudolf Hoppe

Das Neue Testament kennt im Wesentlichen nur zwei Begriffe für die Bedeutung »arm« (ptōchos/tapeinos) und nur einen für »reich« (plousios), die aber das ganze Bedeutungsspektrum von der sozialen Armut bzw. dem wirtschaftlichen Reichtum bis hin zur rechten Haltung vor Gott abdecken. Der Protest gegen soziale Benachteiligung und die Warnung vor dem ungerechten Reichtum verbindet beide Testamente miteinander, weil sowohl das Alte als auch das Neue Testament von dem Gedanken getragen sind, dass der Schöpfergott das Leben gegeben hat und es ihm allein gehört. Für beide Teile der Bibel ist die soziale Frage deshalb eine in höchstem Maße theologische Frage.

Wenn Jesus den Opfern der Mächtigen das Heil Gottes zuspricht (Mt

5,3/Lk 6,20), spricht sich darin das Erbe des alttestamentlichen Gottesbildes von JHWH als dem Anwalt der Schwachen und Unterdrückten aus. Besonders Lk stellt Jesus unmittelbar in die alttestamentlich-prophetische Tradition hinein, wenn er dem Propheten aus Nazaret Jes 61,1ff in den Mund legt und ihn in diesem Wort sein Selbstverständnis aussprechen lässt (vgl. Altes Testament, C.2.b.g). Damit verleiht Jesus der Prophetie die entscheidende Autorität, identifiziert sich mit der jesajanischen Sendung und macht sie seinerseits zum Sendungsauftrag an seine Jünger.
Auch Jesu »Definition« des Lebens, die hinter seinen weisheitlichen Mahnungen steht, weiß sich der Tradition Israels verpflichtet. Zwar kennt die Weisheitstradition keine fundamentale Kritik am Reichtum, aber sie setzt doch die Bedingung der Sozialverträglichkeit. Hier ist die Botschaft Jesu, aber auch die des Jakobusbriefes kritischer; sie stellen die Möglichkeit einer Sozialverträglichkeit des Reichtums grundsätzlich in Frage, so dass der Reiche der Umkehr bedarf. Wenn er einsichtig ist, verzichtet er auf seinen Reichtum und macht seine Existenz ganz in Gott fest.
Bezieht man die Aussagen zu Armut und Reichtum in beiden Testamenten aufeinander, ist allerdings ein grundlegender Unterschied zu beachten: Israel steht in einer jahrhundertelangen Tradition der Eigenstaatlichkeit mit entsprechenden politisch-sozialen Herausforderungen, der die Wüstenwanderung als eine Zeit tiefgreifender Entbehrungen vorausging und in der sich die Erfahrung, dass JHWH immer wieder mit dem geschundenen Volk auf der Wanderschaft Erbarmen hatte, nachhaltig im Gedächtnis einprägte. Nur von daher ist das sensible Gespür für die soziale Frage in den Gesetzestexten des Alten Testamentes zu verstehen.
Vor diesen Herausforderungen des sozialen Handelns in politischer und religiöser Verantwortung haben die urchristlichen Gemeinden in neutestamentlicher Zeit nicht gestanden. Sie hatten sich vielmehr in einer hellenistischen Mehrheitsgesellschaft zu behaupten, politisch einflusslos und unter Repressalien und Diskriminierung seitens der Mehrheitsgesellschaft stehend. In dieser »Fremdheitserfahrung« hatten die Gemeinden in Kleinasien und Griechenland das soziale Erbe Israels und die provozierende Botschaft Jesu zu bewahren. Wie schwer ihnen das fallen musste, zeigen die sozialen Spannungen, die für Lk oder den Jakobusbrief die Identität des Christlichen zur Disposition stellten. Ob es nicht doch »pragmatischer« sei, sich auf die Mechanismen der paganen Gesellschaft einzulassen, oder ob der soziale Abstieg eine notwendige Konsequenz der Botschaft des Evangeliums sei, das war für die neutestamentlichen Gemeinden die substantielle Frage. Die Erinnerung an Jesus und seine Definition des Lebens, an seine Botschaft von Gott, der die Niedrigen erhöht, die Reichen gehen lässt mit leeren Händen (Lk 1,53) und den Armen die Teilhabe an seiner Herrschaft zusagt, ist das entscheidende Kriterium christlicher Existenz. Dieses Erbe des Jesus von Nazaret ist aber auch die überzeitliche Verpflichtung für alle, die sich auf den Gott der Bibel berufen.

Anmerkungen

Altes Testament

[1] Vgl. G. Fischer/D. Markl, Armut als globale Herausforderung. Impulse aus der Sicht des Alten Testaments: ZKTh 129 (2007) 459–479.

[2] Can. 529 § 1: »... er soll sich mit besonderer Aufmerksamkeit den Armen, Bedrängten, Einsamen, den aus ihrer Heimat Verbannten und ebenso denen zuwenden, die in besondere Schwierigkeiten geraten sind«.

[3] Grundlegend dazu F. Segbers, Die Hausordnung der Tora. Biblische Impulse für eine theologische Wirtschaftsethik, Luzern 3. Aufl. 2002.

[4] Zur Begriffsklärung siehe, abgesehen von den einschlägigen Einträgen in THAT und TWAT, bes. A. Kuschke, Arm und reich im Alten Testament mit besonderer Berücksichtigung der nachexilischen Zeit: ZAW 57 (1939) 31–57; M. Schwantes, Das Recht der Armen (BEvT 4), Frankfurt/M. 1977; V. Liberti (Hg.), Ricchezza e povertà nella Bibbia, Roma 1991.

[5] Am 2,7; 4,1; 5,11; 8,6; vgl. Jes 10,2.

[6] Spr 10,15; 14,31; 19,4.17; 21,13; 22,9.16.22; 28,3.8.11.15; 29,7.14.

[7] Dtn 15,4.7bis.9.11bis; 24,14.

[8] Am 2,6; 4,1; 5,12; 8,4.6; demgegenüber viermal ḏal: Am 2,7; 4,1; 5,11; 8,6; dazu Jes 14,30; 25,4; 29,19; 32,7; 41,17; Jer 2,34; 5,28; 20,13; 22,16; Ez 16,49; 18,12; 22,29.

[9] Siehe Dtn 24,14; Jes 41,17; Ez 16,49; 22,29; Ps 12,6; 35,10; 37,14; 40,18; 70,6; 72,4.12; 74,21; 86,1; 109,16.22; 140,13; Ijob 24,4.14; Spr 30,14; 31,9.20.

[10] Jes 32,7; Am 8,4; Ps 9,19.

[11] K. Wengst, Demut – Solidarität der Gedemütigten: Wandlungen eines Begriffes und seines sozialen Bezugs in griechisch-römischer, alttestamentlich-jüdischer und urchristlicher Tradition, München 1987.

[12] Siehe dazu die klassische Abhandlung von A. Bolkestein, Wohltätigkeit und Armenpflege im vorchristlichen Altertum. Ein Beitrag zum Problem »Moral und Gesellschaft«, Utrecht 1939.

[13] Dazu noch ^{ca}nāwa: Zef 2,3; Spr 15,33; 18,12; 22,4; ᶜanwâ: Ps 18,36; 45,5; ^{ce}nûṯ: Ps 22,25 und ṯa^{ca}nîṯ: Esra 9,5.

[14] Siehe Jes 32,7; Am 8,4; Ps 9,19 und Ps 9,13; 10,12; Spr 3,34; 14,21; 16,19.

[15] So M. Sæbø, ᶜāšîr, TWAT VI, 448, auch im Blick auf die folgenden Ausführungen.

[16] Siehe J. Renz/W. Röllig, Handbuch der althebräischen Epigraphik, Bd. I, Darmstadt 1995, 202–208.

[17] J. Assmann, Das kulturelle Gedächtnis. Schrift, Erinnerung und politische Identität in frühen Hochkulturen, München 1992.

[18] Dazu N. Lohfink, Armut in den Gesetzen des Alten Orients und der Bibel, in: Ders., Studien zur biblischen Theologie (SBA 16), Stuttgart 1993, 239–259; ebenfalls N. Lohfink, Das Recht und die Barmherzigkeit. Rechtsbücher im alten Orient und in der Bibel, in: Ders., Im Schatten deiner Flügel. Große Bibeltexte neu erschlossen, Freiburg i. Br. 1999, 64–81.

[19] Dazu D. Franke, Arme und Geringe im Alten Reich Altägyptens: »Ich gab Speise den Hungernden, Kleider den Nackten ...«: ZÄS 133 (2006) 104–120 (hier: bes. 114.120).

[20] Siehe das Aqhat-Epos, in dem es vom König Danlil heißt: »Er richtete den Prozeßfall für die Witwe, er entschied die Rechtsordnung für die Waise« (KTU 1.17 V 8); übers. von M. Dietrich/O. Loretz (TUAT III/6), Gütersloh 1997, 1268.

[21] Text übers. von W.H.P. Römer (TUAT I/1), Gütersloh 1982, 17ff.

[22] Text übers. von R. Borger (TUAT I/1), Gütersloh 1982, 39ff.

[23] Codex Hammurapi §148–149: Bei schwerer Erkrankung der Ehefrau, die wohl den Geschlechtsverkehr unmöglich macht, darf der Ehemann zwar eine zweite Frau heiraten, aber die erste nicht verstoßen. Will sie aber nicht unter diesen Umständen im gleichen Haus wohnen, darf sie sich vom Mann trennen, der ihr die Mitgift auszahlen muss.

[24] L. Schwienhorst-Schönberger, Das Bundesbuch (Ex 20,22–23,33) (BZAW 188), Berlin 1990; E. Otto, Theologische Ethik des Alten Testaments (Theologische Wissenschaft Bd. 3,2), Stuttgart 1994, 19–24.

[25] Dazu J.L. Ska, Ricchezza e povertà nell'esperienza e la legislazione dell'Esodo, in: V. Liberti (Hg.), Ricchezza e povertà nella bibbia, Roma 1991, 19–40.

[26] M. Leutzsch, Verhindern, begrenzen und beenden. Der Umgang mit der Schuldsklaverei in der Bibel: WUB 47 (2008) 44–47.
[27] R. Kessler, Das hebräische Schuldenwesen. Terminologie und Metaphorik: WuD 20 (1989) 181–195.
[28] E. Otto, Programme der sozialen Gerechtigkeit. Die neuassyrische (an-)durāru-Institution sozialen Ausgleichs und das deuteronomische Erlaßjahr in Dtn 15: ZAR 3 (1997) 26–63.
[29] Vgl. Zinsverbot in Ex 22,24; Lev 25,36.37; Dtn 23,20.21; Ez 18,8.13.17; 22,12; Ps 15,5.
[30] Chr. Bultmann, Der Fremde im antiken Juda. Eine Untersuchung zum sozialen Typenbegriff ›*ger*‹ und seinem Bedeutungswandel in der alttestamentlichen Gesetzgebung (FRLANT 153), Göttingen 1992, 22.
[31] Siehe J. Schreiner, Der Fremde, in: Ders./R. Kampling, Der Nächste – der Fremde – der Feind. Perspektiven des Alten und Neuen Testaments (NEB Themen Bd. 3), Würzburg 2000, 24–39.
[32] N. Lohfink, ›Option für die Armen‹. Das Leitwort der Befreiungstheologie im Lichte der Bibel: StZ 203 (1985) 449–464.
[33] Zur Geschwisterlichkeit, die auch die Frauen (vgl. Dtn 15,12) einschließt: Dtn 1,16; 15,12–18; 19,18–19; 22,1–4; 23,8.20–21; 24,7.14; 25,3.11.
[34] N. Lohfink, Armut in den Gesetzen, 251.
[35] H.J. Fabry, Deuteronomium 15. Gedanken zur Geschwister-Ethik im Alten Testament: ZAR 3 (1997) 92–111; R. Kessler, Die Rolle des Armen für Gerechtigkeit und Sünde des Reichen. Hintergrund und Bedeutung von Dtn 15,9; 24,13.15, in: F. Crüsemann/Chr. Hardmeier/R. Kessler (Hg.), Was ist der Mensch ...? Beiträge zur Anthropologie des Alten Testaments, FS H.W. Wolff, München 1992, 153–163; N. Lohfink, Das deuteronomische Gesetz in der Endgestalt – Entwurf einer Gesellschaft ohne marginale Gruppen, in: Ders., Studien zum Deuteronomium und zur deuteronomistischen Literatur III (SBAB 20), Stuttgart 1990, 205–219; M.J. Oosthuizen, Deuteronomy 15:1–18 in Socio-Rhetorical Perspective: ZAR 3 (1997) 64–91; E. Scheffler, Deuteronomy 15:1–18 and Poverty in (South) Africa, in: E. Otto/J. LeRoux (Hg.), A Critical Study of the Pentateuch. An Encounter Between Europe and Africa (Altes Testament und Moderne 20), Münster 2005, 97–115.
[36] B. Lang, The Social Organization of Peasant Poverty in Biblical Israel: JSOT 24 (1982) 47–63; H.G. Kippenberg, Religion und Klassenbildung im antiken Judäa. Eine religionssoziologische Studie zum Verhältnis von Tradition und gesellschaftlicher Entwicklung (StUNT 14), Göttingen 2. Aufl. 1982.
[37] E. Otto, Theologische Ethik, 184.
[38] R. Kessler, Die Rolle des Armen, 155; F. Crüsemann, Armut und Reichtum. Ein Kapitel biblischer Theologie, in: Ders., Maßstab: Tora. Israels Weisung und christliche Ethik, Gütersloh 2003, 208–221: »Wenn an den Gaben Gottes auch die partizipieren, die das nur durch die stärker Gesegneten tun können, wird neuer Segen erwachsen« (211).
[39] E. Otto, Theologische Ethik, 187.
[40] E. Otto, Theologische Ethik, 233–256 (Lit!).
[41] A. Klostermann, Ezechiel und das Heiligkeitsgesetz: ZLThK 38 (1877) 401–445.
[42] G. Robinson, Das Jobel-Jahr. Die Lösung einer sozial-ökonomischen Krise des Volkes Gottes, in: D.R. Daniels u.a. (Hg.), Ernten, was man sät, FS K. Koch, Neukirchen-Vluyn 1991, 471–494; T. Wever, Bezit en eigendom (Lev. 25 en Deut. 15), in: Hebben en niet-hebben (Jota 7), Boxtel 1990, 21–32.
[43] Dazu H.-P. Mathys, Liebe deinen Nächsten wie dich selbst. Untersuchungen zum alttestamentlichen Gebot der Nächstenliebe (Lev 19,18) (OBO 71), Freiburg/Schweiz, 2. Aufl. 1990.
[44] R. Albertz, Der Kampf gegen die Schuldenkrise – das Jobeljahrgesetz Levitikus 25, in: Ders., Der Mensch als Hüter seiner Welt. Alttestamentliche Bibelarbeiten zu den Themen des konziliaren Prozesses, Stuttgart 1990, 40–60; dazu ausführlich J.S. Bergsma, The Jubilee from Leviticus to Qumran. A history of interpretation (VTS 115), Leiden 2007.
[45] A. Schenker, Der Boden und seine Produktivität im Sabbat- und Jubeljahr. Das *dominium terrae* in Ex 23,20f und Lev 25,2–12, in: H.P. Matthys (Hg.), Ebenbild Gottes – Herrscher über die Welt. Studien zur Würde und Auftrag des Menschen (BThSt 33), Neukirchen-Vluyn 1998, 94–106.
[46] So N. Lohfink, Armut in den Gesetzen, 256.
[47] K. Koch, Die Entstehung der sozialen Kritik bei den Propheten, in: H.W. Wolff (Hg.), Probleme biblischer Theologie, FS G. von Rad, München 1971, 236–257; G. Fleischer, Von Menschenverkäufern, Baschankühen und Rechtsverdrehern. Die Sozialkritik des Amos in historisch-kritischer, sozialgeschichtlicher und archäologischer Perspektive (BBB 74), Frankfurt/M. 1989;

W. Dietrich/M. Schwantes (Hg.), Der Tag wird kommen. Ein interkontextuelles Gespräch über den Propheten Zefanja (SBS 170), Stuttgart 1996; dagegen spricht Chr. Levin, The Poor in the Old Testament: Some Observations, in: Ders., Fortschreibungen. Gesammelte Studien zum Alten Testament (BZAW 316), Berlin 2003, 322–338 (hier: 326f.) die Armenbelege dem Amos des 8. Jh.s generell ab.

[48] J. Ebach, Arme und Armut im Alten Testament. Zum Umgang mit alttestamentlichen Aussagen: ZMiss 5 (1979) 143–153 (hier: 145).

[49] Ausführlich J. Blenkinsopp, Geschichte der Prophetie in Israel. Von den Anfängen bis zum hellenistischen Zeitalter, Stuttgart 1998.

[50] B. Lang, Sklaven und Unfreie im Buch Amos (II 6, VIII 6): VT 31 (1981) 482–487 (hier: 483).

[51] Siehe die aktuellen Beiträge in: M. Crüsemann/W. Schottroff (Hg.), Schuld und Schulden. Biblische Traditionen in gegenwärtigen Konflikten, München 1992.

[52] Dazu M. Silver, Prophets and Markets. The Political Economy of Ancient Israel (Boston 1983); siehe auch K. Wengst, Demut, 35–41.

[53] Die auffälligen Ähnlichkeiten in der Sozialkritik eines Amos, Micha und Jesaja sind in der Prophetenexegese von großem Interesse: z.B. Mi 2,1f. mit Jes 5,8; Mi 3,11 mit Jes 1,23; oder Mi 3,1.8.9 und Am 5,7.15.24; 6,12; dazu R. Kessler, Micha (HThKAT), Freiburg i. Br. 1999, 48–53.

[54] Siehe R. Kessler, Micha, 115.

[55] J. Ebach, Arme und Armut, 150.

[56] Anders R. Kessler, Micha, 168; dazu den informativen Exkurs »Micha in Lateinamerika«, 171–173.

[57] Siehe R. Kessler, Micha, 283.

[58] Vgl. G. Fischer, Jeremia 1–25 (HThKAT), Freiburg i. Br. 2005, 662.

[59] Dazu noch »arm« (ʿānî) in Ez 18,17.

[60] Siehe H. Graf Reventlow, Die Propheten Haggai, Sacharja und Maleachi (ATD 25,2), Göttingen 9. Aufl. 1993, 73–78.

[61] Dazu H. Irsigler, Zefanja (HThKAT), Freiburg i. Br. 2002, 198.

[62] So K. Wengst, Demut, 46; dazu M. Weigl, Zefanja und das »Israel der Armen« (ÖBS 13), Klosterneuburg 1994.

[63] ʾeḇyôn: Jes 14,30; 25,4; 29,19; 32,7; 41,17; ḏal:10,2; 11,4; 14,30; 25,4; 26,6; ʿānî/ʿānāw: 3,14.15; 10,2; 11,4; 14,32; 26,6; 29,19; 32,7; 41,17; 49,13; 58,7; 61,1; 66,2; dazu noch 48,10: »Ofen des Elends« (ʿōnî) und Jerusalem als »elende [Frau]« (ʿᵃnîâ) in 51,21; 54,11; dazu U. Berges, Die Armen im Buch Jesaja. Ein Beitrag zur Literaturgeschichte des AT: Bib 80 (1999) 153–177.

[64] Dazu U. Berges, Das Buch Jesaja. Komposition und Endgestalt (HBS 16), Freiburg i. Br. 1998.

[65] W.A.M. Beuken, Jesaja 1–12 (HThKAT), Freiburg i. Br. 2003, 140.

[66] E. Zenger, Die Verheißung Jesaja 11,1–10: universal oder partikular?, in: J. van Ruiten/M. Vervenne (Hg.), Studies in the Book of Isaiah (BETL 132), FS W.A.M. Beuken, Leuven 1997, 137–147 (hier: 147).

[67] Siehe O. Kaiser, Der Prophet Jesaja. Kapitel 13–39 (ATD 18), Göttingen 3. Aufl. 1983, 48, mit Hinweis auf Am 1,6f.; Ez 25,15; Zef 2,4f. und Jer 47.

[68] Siehe zur weiteren Auslegung von Jes 41,17–20: U. Berges, Jesaja 40–48 (HThKAT), Freiburg i. Br. 2008, 201–206.

[69] 1QJes[a] liest »prüfen« (ḇḥn) (vgl. EÜ); zu Jes 48,10: U. Berges, Jesaja 40–48, 505ff.

[70] »Trösten« (nḥm) 49,13; 51,3.12.19; 52,9; 54,11 [61,2; 66,13] und »Erbarmen« (rḥm) 49,10.13.15; 54,8.10; 55,7; [60,10] sind zwei Schlüsselworte des Zion-Restaurationsteils in Jes 49–55.

[71] Siehe R. Albertz, Persönliche Frömmigkeit und offizielle Religion. Religionsinterner Pluralismus in Israel und Babylon (CThM A/9), Stuttgart 1978, 297–298: der Tempel als Ort der JHWH-Präsenz in individuellen Klageliedern, u.a. in Ps 3,5; 42,5.7; 43,3; 63,3; als dort gesprochen vorgestellt, siehe Ps 5; 26; 27; 28; 51.

[72] Dazu U. Berges, »Ich bin der Mann, der Elend sah« (Klgl 3,1). Zionstheologie als Weg aus der Krise: BZ 44 (2000) 1–20.

[73] Zu den zahlreichen Übereinstimmungen zwischen der Leidensfrau Zion und dem Gottesknecht als Leidensmann, siehe U. Berges, Buch Jesaja, 405–406.

[74] »Knechte« in Jes 54,17; 56,6; 63,17; 65,8.9.13.14.15; 66,14.

[75] K. Koenen, Ethik und Eschatologie im Tritojesajabuch. Eine literarkritische und redaktionsgeschichtliche Studie (WMANT 62), Neukirchen-Vluyn 1990.

[76] K. Koenen, Heil den Gerechten – Unheil den Sündern! Ein Beitrag zur Theologie der Prophetenbücher (BZAW 229), Berlin 1994.

[77] Dazu R. Albertz, Religionsgeschichte Israels in alttestamentlicher Zeit, Teil 2: Vom Exil bis zu den Makkabäern (ATD 8/2), Göttingen 1992, 468–478; R. Kessler, Armenfürsorge als Aufgabe der Gemeinde. Die Anfänge in Tempel und Synagoge, in: F. Crüsemann u.a. (Hg.), Dem Tod nicht glauben. Sozialgeschichte der Bibel, FS L. Schottroff, Gütersloh 2004, 91–102 (hier: 93).
[78] E.S. Gerstenberger, Israel in der Perserzeit. 5. und 4. Jahrhundert (Biblische Enzyklopädie 8), Stuttgart 2005, 96; R. Kessler, Sozialgeschichte des alten Israel. Eine Einführung, Darmstadt 2006, 138–148.
[79] Dazu U. Berges, Buch Jesaja, 443–455.
[80] Vgl. R. Albertz, Die »Antrittspredigt« Jesu im Lukasevangelium auf ihrem alttestamentlichen Hintergrund: ZNW 74 (1983) 182–206.
[81] Dazu U. Berges, Gottesgarten und Tempel: die neue Schöpfung im Jesajabuch, in: O. Keel/E. Zenger (Hg.), Gottesstadt und Gottesgarten. Zu Geschichte und Theologie des Jerusalemer Tempels (QD 191), Freiburg i. Br. 2001, 69–89.
[82] Dazu H.J. Kandler, Die Bedeutung der Armut im Schrifttum von Chirbet Qumran: Jud 13 (1957) 193–209; H.-J. Fabry, Die Armenfrömmigkeit in den qumranischen Weisheitstexten, in: E. Blumenthal/D.J.A. Clines (Hg.), Weisheit in Israel. Beiträge des Symposions »Das Alte Testament und die Kultur der Moderne« anlässlich des 100. Geburtstags Gerhard von Rads (1901–1971) (Altes Testament und Moderne 12), Münster 2003, 145–165.
[83] Dazu besonders R.N. Whybray, Wealth and Poverty in the Book of Proverbs (JSOTS 99), Sheffield 1990; T. J. Sandoval, The discourse of wealth and poverty in the Book of Proverbs (BIS 77), Leiden 2005.
[84] E. Otto, Theologische Ethik, 159–160.
[85] M. Grenzer, Die Armenthematik in Ijob 24, in: Th. Seidl (Hg.), Das Buch Ijob. Gesamtdeutungen – Einzeltexte – Zentrale Themen (ÖBS 31), Frankfurt/M. 2007, 229–278.
[86] E. Otto, Theologische Ethik, 172.
[87] L. Schwienhorst-Schönberger, Kohelet (HThKAT), Freiburg i. Br. 2004, 321.
[88] L. Schwienhorst-Schönberger, Kohelet, 511–512.
[89] Dazu V. Premstaller, »Nimm dich des Bedürftigen an!« (Sir 29,9). Weisheitliche Lehre zur Armut: ZKTh 129 (2007) 480–493.
[90] Vgl. zum Thema Sklaven: Spr 11,29; 17,2; 19,10; 22,7.
[91] Siehe N. Lohfink, Lobgesänge der Armen. Studien zum Magnifikat, den Hodajot von Qumran und einigen späten Psalmen. Mit einem Anhang: Hodajot-Bibliographie 1948–1989 von U. Dahmen (SBS 143), Stuttgart 1990.
[92] So die These von J. Un-Sok Ro, Die sogenannte »Armenfrömmigkeit« im nachexilischen Israel (BZAW 322), Berlin 2002 (bes. 161.199).
[93] H. Irsigler, Quest for Justice as Reconciliation of the Poor and the Righteous in Psalms 37, 49 and 73: ZAR 5 (1999) 258–276 (hier: 265).
[94] Siehe die Auflistung bei G. Boggio, »I poveri di JHWH nei Salmi«, in: V. Liberti (Hg.), Ricchezza e Povertà, 89: Pss 9–10; 12; 14; 18; 22; 25; 34; 35; 37; 40; 41; 49; 68; 69; 70; 72; 74; 76; 82; 86; 88; 102; 107; 109; 112; 113; 132; 140; 147; 149.
[95] So E. Zenger, Der Psalter als Buch. Beobachtungen zu seiner Entstehung, Komposition und Funktion, in: Ders. (Hg.), Der Psalter in Judentum und Christentum (HBS 18), Freiburg i. Br. 1998, 35.
[96] B. Janowski, Die »Kleine Biblia«. Zur Bedeutung der Psalmen für eine Theologie des Alten Testaments, in: E. Zenger (Hg.), Der Psalter in Judentum und Christentum (HBS 18), Freiburg i. Br. 1998, 381–420.
[97] N. Füglister, »Die Hoffnung der Armen ist nicht für immer verloren«. Psalm 9/10 und die sozio-religiöse Situation der nachexilischen Gemeinde«, in: G. Braulik u.a. (Hg.), Biblische Theologie und gesellschaftlicher Wandel, FS N. Lohfink, Freiburg 1993, 101–124; D. Sager, Polyphonie des Elends. Psalm 9/10 im konzeptionellen Diskurs und literarischen Kontext (FAT 2. Reihe Bd. 21), Tübingen 2006.
[98] So F.-L. Hossfeld/E. Zenger, »Selig, wer auf die Armen achtet« (Ps 41,2). Beobachtungen zur Gottesvolk-Theologie des ersten Davidpsalters (JBTh 7), Neukirchen-Vluyn 1992, 21–50 (hier: 33–34).
[99] So F.-L. Hossfeld/E. Zenger, Selig, 27: vgl. »achten auf« in Spr 16,20, Ps 64,10; 101,2; 106,7; Neh 8,13.
[100] G. Barbiero, Das erste Psalmenbuch, 617: »Man zeigt seinen Glauben, indem man sich des Armen annimmt. Dadurch führt Ps 41 jene Kultkritik weiter, die Ps 40 so drastisch ausgedrückt hat.«

[101] A. Groenewald, Psalm 69: Its structure, redaction and composition (Altes Testament und Moderne 18), Münster 2003.
[102] Zusammen mit den Korachpsalmen 42–49 und dem Asafpsalm 50 bilden sie den doppelten Rahmen um die zweite Sammlung der Davidpsalmen (Ps 51–72).
[103] Dazu R.G. Kratz, Die Tora Davids. Psalm 1 und die doxologische Fünfteilung des Psalters: ZThK 93 (1996) 21–23.
[104] Vgl. Chr. Rösel, Die messianische Redaktion des Psalters. Studien zu Entstehung und Theologie der Sammlung Psalm 2–89* (CThM A/19), Stuttgart 1999.
[105] H. Irsigler, Quest for Justice as Reconciliation of the Poor and the Righteous in Psalms 37, 49 and 73: ZAR 5 (1999) 271.
[106] Dazu E. Zenger, Psalm 82 im Kontext der Asaf-Sammlung. Religionsgeschichtliche Implikationen, in: B. Janowski/M. Köckert (Hg.), Religionsgeschichte Israels. Formale und materiale Aspekte, Gütersloh 1999, 272–292 (bes. 286–289).
[107] So E. Zenger, Der Psalter als Buch, 22–25.
[108] Dazu U. Berges, Schweigen ist Silber – Klagen ist Gold. Das Drama der Gottesbeziehung aus alttestamentlicher Sicht mit einer Auslegung zu Ps 88 (Salzburger Exegetisch-Theologische Vorträge Bd. 1), Münster 2003.
[109] E. Zenger, Das Weltenkönigtum des Gottes Israels (Ps 90–106), in: N. Lohfink/E. Zenger (Hg.), Der Gott Israels und die Völker. Untersuchungen zum Jesajabuch und den Psalmen (SBS 154), Stuttgart 1994, 151–178 (hier: 165).
[110] So G. Brunert, Psalm 102 im Kontext des Vierten Psalmenbuches (SBB 30), Stuttgart 1996, 189.
[111] Dazu R. Brandscheidt, Psalm 102. Literarische Gestalt und theologische Aussage: TThZ 96 (1987) 51–75.
[112] U. Berges, Die Knechte im Psalter. Ein Beitrag zu seiner Kompositionsgeschichte: Bib 81 (2000) 153–178.
[113] Knechte: 113,1; 123,2; 134,1; 135,1.14; Gottesfürchtige: 111,5; 115,11.13; 118,4; 119,63.74.79; 135,20; 145,19; 147,11; Fromme: 116,15; 132,9.16; 145,10; 148,14; 149,1.5.9 (dreimal in Ps 149!)
[114] E. Zenger, Der jüdische Psalter – Ein anti-imperiales Buch?, in: R. Albertz (Hg.), Religion und Gesellschaft. Studien zu ihrer Wechselbeziehung in den Kulturen des Antiken Vorderen Orients (AOAT 248), Münster 1997, 95–108.
[115] E. Zenger, Ein Gott der Rache? Feindpsalmen verstehen, Freiburg 1994; N. Lohfink, Drei Arten, von Armut zu sprechen. Illustriert an Psalm 109: ThPh 72 (1997) 321–336.
[116] N. Lohfink, Drei Arten, von Armut zu sprechen, 329; dazu J. Ben-Dov, The Poor's Curse: Exodus XXII 20–26 and Curse Literature in the Ancient World: VT 56 (2006) 431–451.
[117] Dazu P. Coulange, Dieu, ami des pauvres. Etude sur la connivence entre le Très-Haut et les petits (OBO 223), Fribourg 2007.
[118] E. Zenger, Komposition und Theologie des 5. Psalmenbuchs 107–145: BN 82 (1996) 97–116 (hier: 116).
[119] R. J. Tournay, Le Psaume 149 et la ›Vengeance‹ des Pauvres de YHWH: RB 92 (1985) 349–358.

Neues Testament

[1] Das ist in 2 Kor 10,1 der Fall, wo tapeinos die Bedeutung von »unterwürfig« hat. Es ist charakteristisch, dass Paulus das Urteil, er sei »tapeinos« (unterwürfig, schwächlich) in der Gemeinde aufgetreten, seinen (hellenistischen) Gegnern in den Mund legt.
[2] Zum alttestamentlichen Sprachgebrauch vgl. Teil 1.
[3] Eine Reduktion der Rückfrage nach Jesus auf den (in den Evangelien) »erinnerten« Jesus (so J. Schröter, Jesus und die Anfänge der Christologie (BThS 47), Neukirchen–Vluyn 2001, 34: »... die Jesusfrage ist mithin umzuformulieren in diejenige nach einem an die Quellen gebundenen Entwurf des *erinnerten* (kursiv im Original [R.H.]) Jesus als Inhalt des sozialen Gedächtnisses des Urchristentums«) verschiebt nur das Problem, denn dann bleibt immer noch die Frage offen, wer sich in der urchristlichen Überlieferung an was erinnerte.
[4] Die authentischen Seligpreisungen dürften demnach gelautet haben:
Selig die Armen, denn euer ist das Reich Gottes!
Selig die Hungernden, denn ihr werdet gesättigt werden.
Selig ihr Weinenden, denn ihr werdet lachen.

[5] Bei der »hellenistischen Reform« handelt es sich um eine innerjüdische Auseinandersetzung im 2. Jh. v. Chr. um die Öffnung des traditionellen Judentums für die hellenistische Kultur zugunsten wirtschaftlicher Prosperität. Vgl. M. Hengel, Juden, Griechen und Barbaren. Aspekte der Hellenisierung des Judentums in vorchristlicher Zeit (SBS 76), bes. 73–93.
[6] Vgl. W. Radl, Das Evangelium nach Lukas, Freiburg/Basel/Wien, 2003, 379–381.
[7] Vgl. D. Zeller, Jesu weisheitliche Ethik, in: L. Schenke (Hg.) u.a., Jesus von Nazaret – Spuren und Konturen, Stuttgart 2004, 193–215, hier: 194.
[8] Vgl. J. Nützel, Die Faszination des Wanderpredigers, in: L. Schenke (Hg.) u.a., Jesus von Nazaret – Spuren und Konturen, Stuttgart 2004, 255–274.
[9] Vgl. G. Theißen/A. Merz, Der historische Jesus. Ein Lehrbuch, Göttingen [3]2001, 198–201; M.N. Ebertz, Das Charisma des Gekreuzigten (WUNT 45), Tübingen 1987, 71–86.
[10] Die engere Jüngerschaft Jesu ist also wohl kaum mit einer Bewegung der Armen gleichzusetzen; die ersten Jünger sind vielmehr »kleine Leute«, die mit ihrem bescheidenen Auskommen selbst zurechtkommen konnten.
[11] Dass Petrus mit seiner Ehefrau missionarisch tätig war, geht aus 1 Kor 9,5 hervor.
[12] Die kynischen Wanderphilosophen trugen eine paera als Ausdruck ihrer Bedürfnislosigkeit mit sich; vgl. F. Wotke, Art. Pera, in: PRE 19, 563f. sowie W. Michaelis, Art. Pera, in: ThWNT 6, 119–121.
[13] Vgl. grundlegend D. Zeller, Die weisheitlichen Mahnsprüche bei den Synoptikern (FzB 17), Würzburg 1974.
[14] Vgl. P. Hoffmann, »Er weiß, was ihr braucht ...« (Mt 6,7). Jesu einfache und konkrete Rede von Gott. in: ders., (Hg.), Studien zur Frühgeschichte der Jesus-Bewegung (SBAB 17), Stuttgart, 15–40; J. Becker, Jesus von Nazaret, Berlin 1996.
[15] Die Sprüche entstammen der Logienquelle. Die Überlieferung bei Mt und Lk zeigen ein so großes Maß an Übereinstimmung, dass der Wortlaut größtenteils gut erschlossen werden kann. Vgl. P. Hoffmann/C. Heil, Die Spruchquelle Q. Studienausgabe Griechisch und Deutsch, Darmstadt/Leuven 2002, 80–83.
[16] Vgl. P. Hoffmann, Jesu »Verbot des Sorgens« und seine Nachgeschichte in der synoptischen Überlieferung, in: ders., Tradition und Situation. Studien zur Jesusüberlieferung in der Logienquelle und den synoptischen Evangelien (NTA 28), Münster 1995,107–134, hier: 109; D. Zeller, Jesu weisheitliche Ethik (Anm. 7), 203.
[17] Vgl. U. Luz, Das Evangelium nach Matthäus (Mt 1–7 [EKK 1/1]), Düsseldorf/Neukirchen-Vluyn [5]2002, 463f.; J. Gnilka, Das Matthäusevangelium (HThKNT), Freiburg/Basel/Wien, 1986, 238f.
[18] Ps 49,7–9: (7) Sie verlassen sich ganz auf ihren Besitz und rühmen sich ihres großen Reichtums. (8) Loskaufen kann doch keiner den andern noch an Gott für ihn ein Sühnegeld zahlen – (9) für das Leben ist jeder Kaufpreis zu hoch; für immer muss man davon abstehn.
[19] Vgl. Theißen/Merz, Jesus (Anm. 9), 200f; Ebertz (Anm. 9), 94–103.
[20] Vgl. D. Zeller, Jesu weisheitliche Ethik (Anm. 7).
[21] U. Luz, Matthäus, 279 (Anm. 17).
[22] »Auszurufen (kalein) ein Gnadenjahr des Herrn« (Jes 61,2) hat Lk intensiviert durch das Verb »zu verkünden« (kaeryssein).
[23] Vgl. R. Albertz, Die »Antrittspredigt« Jesu im Lukasevangelium auf ihrem alttestamentlichen Hintergrund, in: ZNW 74 (1983), 182–206.
[24] Vgl. M. Wolter, Das Lukasevangelium (HNT 6), Tübingen 2008, 252.
[25] Das Ende der Parabel ist in der Forschung umstritten. Vgl. B. Heininger, Metaphorik, Erzählstruktur und szenisch-dramatische Gestaltung in den Sondergutgleichnissen des Lukas (NTA 24), Münster 1991, 167f; Wolter, Lukasevangelium (Anm. 24), 543f.
[26] Vgl. aber Heininger, Metaphorik (Anm. 25), 170.
[27] »Miniatur eines Schelmenstücks« (Heininger, Metaphorik [Anm. 25], 168).
[28] Vgl. Heininger, Metaphorik (Anm. 25), 168–170 mit Hinweis auf Plautus, Pseudolus 1243f; Epidicus 732.
[29] So der Untertitel der Studie von J.-J. Degenhardt, Lukas – Evangelist der Armen. Besitz und Besitzverzicht in den lukanischen Schriften. Eine traditionsgeschichtliche und redaktionsgeschichtliche Untersuchung, Stuttgart 1965.
[30] Vgl. W. A. Meeks, The first urban Christians. The social world of the Apostle Paul, New Haven (u.a.), 1983;
[31] Vgl. die Übersicht bei U. Schnelle, Paulus. Leben und Denken, Berlin/New York 2003, 47f.;

vgl. auch C. Heil, Die Armen nicht vergessen, in: L. Neuhold/L. Neureiter (Hg.), Muss arm sein? Armut als Ärgernis und Herausforderung (Theologie im kulturellen Dialog 15), Innsbruck-Wien 2008, 86–103, bes. 91–93.

[32] E.W. Stegemann/W. Stegemann, Urchristliche Sozialgeschichte. Die Anfänge im Judentum und die Christusgemeinden in der mediterranen Welt, Stuttgart/Berlin/Köln ²1997, 259.

[33] Über die Freiheit des Tüchtigen, 77. Vgl. auch Philo, Pro Judaeis defensio Eus Praep Ev VIII, 11,4: »Zeugnis von der Freiheit gibt ihr Leben. Keiner wagt es, überhaupt etwas zu besitzen, kein Haus, keinen Sklaven, kein Land, keine Herden, nichts anderes, was der Beschaffung oder Ausstattung von Reichtum gleich käme.«

[34] Zur sozialen Situation in den paulinischen Gemeinden vgl. G. Theißen, Studien zur Soziologie des Urchristentums (WUNT 19), Stuttgart ³1989 sowie Stegemann/Stegemann, Urchristliche Sozialgeschichte (Anm. 32).

[35] Vgl. L. Oberlinner, Die Pastoralbriefe. Kommentar zum ersten Timotheusbrief (HThKNT 11,2/1), Freiburg 1994, sowie J. Roloff, Der erste Brief an Timotheus (EKK 15), Neukirchen-Vluyn (u.a.) 1988.

[36] Vgl. 2 Tim 2,18: »... die von der Wahrheit abgeirrt sind und behaupten, die Auferstehung sei schon geschehen«.

[37] I. Broer, Einleitung in das Neue Testament. Studienausgabe, Würzburg 2006, 549.

[38] Dtn 10,18; vgl. Sir 29,21: »Das Wichtigste zum Leben sind Brot und Wasser, Kleidung und Wohnung, um die Blöße zu bedecken«.

[39] J. Roloff, Timotheus (Anm. 35), 370.

[40] Vgl. W. Popkes, Der Brief des Jakobus (ThHKNT 14), Leipzig 2001, 64–68; C. Burchard, Der Jakobusbrief (HNT 15/1), Tübingen 2000, 1f; R. Hoppe, Jakobusbrief (SKK/NT 15), Stuttgart ²1999,12f.

[41] Das legt sich aus der Opposition ho plousios (der Reiche) V. 10a nahe.

[42] W. Popkes, Jakobus (Anm. 40), 94.

[43] Vgl. W. Popkes, Jakobus (Anm. 40), 159.

[44] Diese Kritik findet sich im AT (vgl. Am 8,5; Mi 6,9–13); Philo lobt in seinen Essenerberichten die Essener, weil sie nicht der mit dem Handel Treiben verbundenen Habsucht erlegen sind. Vgl. W. Popkes, Jakobus (Anm. 40), 288f.

[45] Vgl. PsPhok 114.116f: »Wir Menschen leben nicht auf lange Zeit, sondern nur vorübergehend; keiner weiß, was übermorgen, ja schon nach einer Stunde sein wird. Unvorhersehbar ist der Tod des Menschen; was aber kommt, ist ungewiss«. Vgl. auch die Sprüche vom Sorgen (s.o. 7a).

[46] Eine gute Analogie zu Jak 4,13 ist Sen ep 101,4f: »Er, der zu Wasser und zu Lande nach Geld trachtete ..., wurde mitten im Verlauf sich günstig entwickelnder Geschäfte, mitten im Ungestüm des anrollenden Geldes einfach dahingerafft«.

[47] Vgl. Euripides, Alkestis, 780–784: Kennst du das Menschenleben, welcher Art es ist? ... Den Menschen allen ist des Todes Los verhängt, und ihrer keinem wurde noch geoffenbart, ob nur der Tage nächster ihn am Leben trifft (Übersetzung: Donner/Kannicht). Vgl. auch Seneca, Briefe 101,4: Wie töricht ist es, das Leben einzuteilen, ohne auch nur des nächsten Tages Herr zu sein! (Übersetzung: Rosenbach).

[48] Das tut auf seine Weise auch Epikt I,1,17: »Was sollen wir denn tun?« Schaffen, dass dasjenige, was in unserer Macht steht, im besten Zustande sei, und alles andere so brauchen, wie es seine Natur gestattet. Wie gestattet es denn seine Natur? Wie Gott es will. (Übersetzung: R. Mücke).

[49] Schon Platon unterscheidet zwischen materiellem Reichtum und solchem an Weisheit. Auf die Spitze getrieben wird die Reichtumskritik bei den Kynikern: »An die Reichen. Geht zum Teufel, weil ihr, obwohl ihr Lupinen und Feigen und Wasser habt und Hemden aus Megara, zur See fahrt und viele Ländereien bestellt und betrügt und euch als Herren gebärdet und mordet und tut, was es sonst noch derartiges gibt ...« (Kratesbrief 7, Übersetzung: Müseler). Die Stoa nimmt eine gemäßigte Position ein und hält den Reichtum für weder gut noch böse.

[50] Für viele inhaltliche Anregungen und sprachliche Verbesserungsvorschläge habe ich meiner Mitarbeiterin Dipl. Theol. Kristell Köhler zu danken. Herr Cand. Theol. Magnus Lerch hat sich um die Literaturbeschaffung bemüht, zahlreiche Korrekturen angebracht und die Druckvorlage erstellt. Auch ihm sei herzlicher Dank gesagt.

Literaturverzeichnis

(außer Kommentaren und Beiträgen in Wörterbüchern bzw. Lexika)

Altes Testament

Albertz, R., Der Kampf gegen die Schuldenkrise – das Jobeljahrgesetz Levitikus 25, in: *ders.*, Der Mensch als Hüter seiner Welt. Alttestamentliche Bibelarbeiten zu den Themen des konziliaren Prozesses, Stuttgart 1990, 40–60.

Barbiero, G., Die Eucharistie der anawim. Ps 22,23–32, in: *G. Dautzenberg, G. u. N. Lohfink* (Hg.), Studien zu alttestamentlichen Texten (SBA 34), Stuttgart 2002, 168–184.

Berges, U., Die Armen im Buch Jesaja. Ein Beitrag zur Literaturgeschichte des AT, in: Bib 80 (1999) 153–177.

Blomberg, C.L., Neither Poverty nor riches. A Biblical Theology of Material Possessions, Leicester 1999.

Bolkestein, A., Wohltätigkeit und Armenpflege im vorchristlichen Altertum. Ein Beitrag zum Problem »Moral und Gesellschaft«, Utrecht 1939.

Bosman, H.L. u.a. (Hg.), Plutocrats and Paupers. Wealth and Poverty in the Old Testament, Pretoria [2]1993.

Coulange, P., Dieu, ami des pauvres. Etude sur la connivence entre le Très-Haut et les petits (OBO 223), Fribourg 2007.

Croatto, S., Die Bibel gehört den Armen. Perspektiven einer befreiungstheologischen Hermeneutik, München 1989.

Crüsemann, M./ Schottroff, W. (Hg.), Schuld und Schulden. Biblische Traditionen in gegenwärtigen Konflikten, München 1992.

Crüsemann, F., Armut und Reichtum. Ein Kapitel biblischer Theologie, in: *ders.*, Tora. Israels Weisung für christliche Ethik, Gütersloh 2003, 208–221.

Ebach, J., Arme und Armut im Alten Testament. Zum Umgang mit alttestamentlichen Aussagen, in: ZMiss 5 (1979) 143–153.

Fabry, H.-J., Die Armenfrömmigkeit in den qumranischen Weisheitstexten, in: *E. Blumenthal/D.J.A. Clines* (Hg.), Weisheit in Israel. Beiträge des Symposions »Das Alte Testament und die Kultur der Moderne« anlässlich des 100. Geburtstags Gerhard von Rads (1901–1971) (Altes Testament und Moderne 12), Münster 2003, 145–165.

Fischer, G./Markl, D., Armut als globale Herausforderung. Impulse aus der Sicht des Alten Testaments, in: ZKTh 129 (2007) 459–479.

Fleischer G., Von Menschenverkäufern, Baschankühen und Rechtsverdrehern. Die Sozialkritik des Amos in historisch-kritischer, sozialgeschichtlicher und archäologischer Perspektive (BBB 74), Frankfurt/M. 1989.

Grenzer, M., Die Armenthematik in Ijob 24, in: *Th. Seidl* (Hg.), Das Buch Ijob. Gesamtdeutungen – Einzeltexte – Zentrale Themen (ÖBS 31), Frankfurt/M. 2007, 229–278.

Irsigler, H., Quest for Justice as Reconciliation of the Poor and the Righteous in Psalms 37, 49, 73, in: ZAR 5 (1999) 258–276.

Kandler, H.J., Die Bedeutung der Armut im Schrifttum von Chirbet Qumran, in: Jud 13, (1957) 193–209.

Kessler, R., Das hebräische Schuldenwesen. Terminologie und Metaphorik, in: WuD 20 (1989) 181–195.

Kessler, R., Armenfürsorge als Aufgabe der Gemeinde. Die Anfänge in Tempel und Synagoge, in: *F. Crüsemann u.a.* (Hg.), Dem Tod nicht glauben. Sozialgeschichte der Bibel, FS L. Schottroff, Gütersloh 2004, 91–102.

Kessler, R., Sozialgeschichte des alten Israel. Eine Einführung, Darmstadt 2006.

Koch, K., Die Entstehung der sozialen Kritik bei den Propheten, in: *H.W. Wolff* (Hg.), Probleme biblischer Theologie, FS G. von Rad, München 1971, 236–257.

Kuschke, A., Arm und reich im Alten Testament mit besonderer Berücksichtigung der nachexilischen Zeit, in: ZAW 57 (1939) 31–57.

Lang, B., The Social Organization of Peasant Poverty in Biblical Israel, in: JSOT 24 (1982) 47–63.
Laurant, F., Les biens pour rien en Qohéleth 5,9–6,6 ou: La traversée d'un contraste (BZAW 323), Berlin 2002.
Leclerc, T.L., Yahweh is Exalted in Justice. Solidarity and Conflict in Isaiah, Minneapolis 2001.
Levin, Chr., The Poor in the Old Testament: Some Observations, in: *ders.*, Fortschreibungen. Gesammelte Studien zum Alten Testament (BZAW 316), Berlin 2003, 322–338.
Liberti, V. (Hg.), Ricchezza e povertà nella Bibbia, Roma 1991.
Lohfink, N., »Option für die Armen«. Das Leitwort der Befreiungstheologie im Lichte der Bibel, in: StZ 203 (1985) 449–464.
Lohfink, N., Lobgesänge der Armen. Studien zum Magnifikat, den Hodajot von Qumran und einigen späten Psalmen. Mit einem Anhang: Hodajot-Bibliographie 1948–1989 von U. Dahmen (SBS 143), Stuttgart 1990.
Lohfink, N., Armut in den Gesetzen des Alten Orients und der Bibel, in: *ders.*, Studien zur biblischen Theologie (SBAB 16), Stuttgart 1993, 239–259.
Morla Asensio, V., Poverty and Wealth: Ben Sira's view of possessions, in: *R. Egger-Wenzel/ I. Krammer*, (Hg.), Der Einzelne und seine Gemeinschaft bei Ben Sira (BZAW 270), Berlin 1998, 151–178.
Otto, E., Theologische Ethik des Alten Testaments, Stuttgart 1994.
Premstaller, V., »Nimm dich des Bedürftigen an!« (Sir 29,9). Weisheitliche Lehre zur Armut, in: ZKTh 129 (2007) 480–493.
Sager, D., Die Armen in den Psalmen, in: Zeitschrift für Theologie und Gemeinde 8 (2003) 41–64.
Sandoval, T.J., The discourse of wealth and poverty in the Book of Proverbs (BIS 77), Leiden 2005.
Schwantes, M. Das Recht der Armen (BEvT 4), Frankfurt/ M. 1977.
Segbers, F., Die Hausordnung der Tora. Biblische Impulse für eine theologische Wirtschaftsethik, Luzern [3]2002.
Silver, M., Prophets and Markets. The Political Economy of Ancient Israel, Boston 1983.
Weigl, M., Zefanja und das »Israel der Armen« (ÖBS 13), Klosterneuburg 1994.
Wengst, K., Demut – Solidarität der Gedemütigten: Wandlungen eines Begriffes und seines sozialen Bezugs in griechisch-römischer, alttestamentlich-jüdischer und urchristlicher Tradition, München 1987.
Whybray, R.N., Wealth and Poverty in the Book of Proverbs (JSOTS 99), Sheffield 1990.

Neues Testament

Allgemein

Hengel, M. Eigentum und Reichtum in der frühen Kirche. Aspekte einer frühchristlichen Sozialgeschichte, Stuttgart 1973.
Stegemann, E.W. / Stegemann, W., Urchristliche Sozialgeschichte. Die Anfänge im Judentum und die Christusgemeinden in der mediterranen Welt, Stuttgart – Berlin – Köln [2]1997.
Theißen, G., Studien zur Soziologie des Urchristentums (WUNT 19), Stuttgart [3]1989.
Ders., Die Jesusbewegung. Sozialgeschichte einer Revolution der Werte, Gütersloh 2004.

Jesusüberlieferung

Ebner, M., Jesus – ein Weisheitslehrer? Synoptische Weisheitslogien im Traditionsprozess (HBS 15), Freiburg (u.a.) 1998.
Hoffmann, P., Die Basileia-Verkündigung Jesu und die Option für die Armen, in: ders. (Hg.), Studien zur Frühgeschichte der Jesus-Bewegung (SBAB 17), Stuttgart 1994, 41–72.
Ders., Der Q-Text der Sprüche vom Sorgen. Mt 6,25–33/Lk 12,22–32. Ein Rekonstruktionsversuch, in: ders. (Hg.), Tradition und Situation, Studien zur Jesusüberlieferung in der Logienquelle und den synoptischen Evangelien (NTA 28), Aschendorff 1995, 62–87.

Ders., Die Sprüche vom Sorgen in der vorsynoptischen Überlieferung, in: ders. (Hg.), Tradition und Situation, Studien zur Jesusüberlieferung in der Logienquelle und den synoptischen Evangelien (NTA 28), Aschendorff 1995, 88–106.
Ders., Jesu »Verbot des Sorgens« und seine Nachgeschichte in der synoptischen Überlieferung, in: ders. (Hg.), Tradition und Situation, Studien zur Jesusüberlieferung in der Logienquelle und den synoptischen Evangelien (NTA 28), Aschendorff 1995, 107–134.
Hoppe, R., Jesus. Von der Krippe an den Galgen, Stuttgart 1996.
Theißen, G./A. Merz, Der historische Jesus. Ein Lehrbuch, Göttingen [3]2001.
Schenke, L., (Hg.) u.a., Jesus von Nazaret – Spuren und Konturen, Stuttgart 2004.
Rau, E., Arm und reich im Spiegel des Wirkens Jesu, in: C. Böttrich (Hg.), Eschatologie und Ethik im frühen Christentum. FS G. Haufe (GThF 11) Frankfurt (u.a.) 2006, 249–268.
Schottroff, L./Stegemann, W., Jesus von Nazareth – Hoffnung der Armen, Stuttgart (u.a.), 1978.
Zeller, D., Die weisheitlichen Mahnsprüche bei den Synoptikern (FzB 17), Würzburg 1977.
Zeller, D., Jesu weisheitliche Ethik, in: L. Schenke (Hg.) u.a., Jesus von Nazaret – Spuren und Konturen, Stuttgart 2004, 193–215.

Lukas

Alberts, R., Die »Antrittspredigt« Jesu im Lukasevangelium auf ihrem alttestamentlichen Hintergrund, in: ZNW 74 (1983), 182–206.
Gradl, H.G., Zwischen Arm und Reich. Das lukanische Doppelwerk in leseorientierter und textpragmatischer Perspektive (FzB 107), Würzburg 2005.
Greeb, J.B., Good News to whom? Jesus and the »Poor« in the Gospel of Luke, in: ders./M. Turner, Jesus of Nazareth Lord and Christ. Essays on the Historical Jesus and New Testament Christology, UK/Grand Rapids MI 1994, 59–74.
Heininger, B., Metaphorik, Erzählstruktur und szenisch-dramatische Gestaltung in den Sondergutgleichnissen bei Lukas (NTA NF 23), Münster 1991.
Horn, F.W., Glaube und Handeln in der Theologie des Lukas (GTA 26), Göttingen [2]1986.
Lentzen-Dies, F., Arm und Reich aus der Sicht des Evangelisten Lukas, in: F. Kamphaus (Hg.), ... und machen einander reich: Beiträge zur Arm/Reich-Problematik reflektiert am Lukas-Evangelium, Annweiler 1989, 17–68.
Mineshige, K., Besitzverzicht und Almosen bei Lukas. Wesen und Forderung des lukanischen Vermögensethos (WUNT 2. Reihe, 163), Tübingen 2003.
Petracca, V., Gott oder das Geld. Die Besitzethik des Lukas (TANZ 39), Tübingen (u.a.) 2003.
Radl, W., Das Evangelium nach Lukas, Freiburg/Basel/Wien, 2003.
D.P. Secombe, Possessions and the Poor in Luke-Acts (StNTU Serie B, 6), Linz 1982.
Wolter, M., Das Lukasevangelium (HNT 5), Tübingen 2008.
Wolter, M., »Reich Gottes« bei Lukas, in: NTS 41 (1995), 541–563.

Paulus

Gräßer, E., Der zweite Brief an die Korinther (ÖTK 8,2), Gütersloh 2003.
Meggitt, J.J., Paul, Poverty and Survival (Studies of the New Testament and its world), Edinburgh 1998.
Merklein, H., Der erste Brief an die Korinther (ÖTK 7,1), Gütersloh/Würzburg 1992.
Ders., Der erste Brief an die Korinther (ÖTK 7,2), Gütersloh/Würzburg 2000.
Schrage, W., Der erste Brief an die Korinther (EKK 7,1), Zürich (u.a.) 1991.
Ders., Der erste Brief an die Korinther (EKK 7,3), Zürich (u.a.) 1999.
Windisch, H., Der zweite Korintherbrief (KEK 6), Neudruck der Auflage 1924, Göttingen 1970.

1. Timotheusbrief

Oberlinner, L., Die Pastoralbriefe. Kommentar zum ersten Timotheusbrief (HThKNT 11,2/1), Freiburg im Breisgau 1994.
Roloff, J., Der erste Brief an Timotheus (EKK 15), Neukirchen-Vluyn (u.a.) 1988.

Jakobusbrief

Burchard, C., Der Jakobusbrief (HNT 15/1), Tübingen 2000.
Ebner, M., »Wohlan denn, ihr Reichen ...!« (Jak 5,1). Ein Gemeindetraum im Jakobusbrief: Option für die Armen, in: Große-Kracht, H.J./Spieß, C. (Hrsg.), Christentum und Solidarität. Bestandsaufnahmen zu Sozialethik und Religionssoziologie (FS K. Gabriel), Paderborn 2008, 33–48.
Edgar, D. Hutchison, Has God Not Chosen the Poor? The Social Setting of the Epistle of James (JSNT/SupplS 206), Sheffield 2001.
Frankemölle, H., Der Brief des Jakobus (ÖTK 17,1), Gütersloh/Würzburg 1994.
Ders., Der Brief des Jakobus (ÖTK 17,2), Gütersloh/Würzburg 1994.
Hoppe, R., Jakobusbrief (SKK/NT 15), Stuttgart [2]1999.
Konradt, M., Christliche Existenz nach dem Jakobusbrief. Eine Studie zu seiner soteriologischen und ethischen Konzeption (StUNT 22), Göttingen 1998.
Krüger, R., Der Jakobusbrief als prophetische Kritik der Reichen. Eine exegetische Untersuchung aus lateinamerikanischer Perspektive (Beiträge zum Verstehen der Bibel 12), Münster 2005.
Mußner, F., Der Jakobusbrief. Auslegung (HThKNT 13,1), Freiburg i.Br. (u.a.) [3]1975.
Popkes W., Der Brief des Jakobus (ThHKNT 14), Leipzig 2001.

Johannesoffenbarung

Giesen, H., Die Offenbarung des Johannes (RNT 27), Regensburg 1997.
Müller, U.B., Die Offenbarung des Johannes (ÖTK 19), Gütersloh [2]1995.
Roloff, J., Die Offenbarung des Johannes (ZBK 18), Zürich 1984.

Abkürzungsverzeichnis

Alttestamentliche Bücher

Gen	Genesis
Ex	Exodus
Lev	Levitikus
Num	Numeri
Dtn	Deuteronomium
Jos	Josua
Ri	Richter
Rut	Rut
1 Sam	1 Samuel
2 Sam	2 Samuel
1 Kön	1 Könige
2 Kön	2 Könige
1 Chr	1 Chronik
2 Chr	2 Chronik
Esra	Esra
Neh	Nehemia
Tob	Tobit
Jdt	Judit
Est	Ester
1 Makk	1 Makkabäer
2 Makk	2 Makkabäer
Ijob	Ijob
Ps	Psalmen
Spr	Sprichwörter
Koh	Kohelet
Hld	Hoheslied
Weish	Weisheit
Sir	Jesus Sirach
Jes	Jesaja
Jer	Jeremia
Klgl	Klagelieder
Bar	Baruch
Ez	Ezechiel
Dan	Daniel
Hos	Hosea
Joël	Joël
Am	Amos
Obd	Obadja
Jona	Jona
Mi	Micha
Nah	Nahum
Hab	Habakuk
Zef	Zefanja
Hag	Haggai
Sach	Sacharja
Mal	Maleachi

Neutestamentliche Bücher

Mt	Matthäus
Mk	Markus
Lk	Lukas
Joh	Johannes
Apg	Apostelgeschichte
Röm	Römerbrief
1 Kor	1. Korintherbrief
2 Kor	2. Korintherbrief
Gal	Galaterbrief
Eph	Epheserbrief
Phil	Philipperbrief
Kol	Kolosserbrief
1 Thess	1. Thessalonicherbrief
2 Thess	2. Thessalonicherbrief
1 Tim	1. Timotheusbrief
2 Tim	2. Timotheusbrief
Tit	Titusbrief
Phlm	Philemonbrief
Hebr	Hebräerbrief
Jak	Jakobusbrief
1 Petr	1. Petrusbrief
2 Petr	2. Petrusbrief
1 Joh	1. Johannesbrief
2 Joh	2. Johannesbrief
3 Joh	3. Johannesbrief
Jud	Judasbrief
Offb	Offenbarung des Johannes

Griechische und römische Autoren

Hom Od	Homer, Odyssee
Tac ann	Tacitus, Annalen
Cic ad Atticum	Cicero, Atticus-Briefe
Seneca, ep	Seneca, An Lucilius. Briefe
Epikt	Epiktet (was von ihm erhalten ist nach den Aufzeichnungen Arrians)

Judentum

1 Hen	Äthiopisches Henochbuch
Sib	Die Sibyllinischen Orakel